Italien

guide de conversation

Berlitz Publishing Company, Inc.

Princeton   Mexico City   Londres   Eschborn   Singapour

ISBN 2-8315-6935-4

Imprimé en Espagne – mai 2001

Table des matières

Prononciation

Cette section est destinée à vous familiariser avec la sonorité de la langue italienne, tout en utilisant notre transcription phonétique simplifiée. Vous trouverez ci-dessous des explications de la prononciation des lettres et sons italiens, accompagnés d'équivalents «imités». Ce système est utilisé dans tout le guide de conversation: il vous suffit de lire la prononciation comme si c'était du français, en prenant note des règles spécifiques énoncées ci-dessous.

La langue italienne

Le monde compte quelque 64 millions d'italophones. L'italien est parlé dans les pays suivants (les chiffres sont approximatifs):

Italia Italie
L'italien est la langue nationale, parlée par la quasi-totalité de la population (59 millions). Autres langues: le sarde en Sardaigne (1 500 000); le rhéto-roman au Frioul, près de la frontière avec la Slovénie et l'Autriche.

Svizzera Suisse
L'italien est l'une des quatre langues officielles, parlée par environ 800 000 personnes dans la région sud du pays, en particulier le canton de Ticino (capitale: Belinzona). Autres langues: l'allemand dans le nord (5 millions); le français dans l'ouest (1 300 000), le romanche dans l'est (50 000).

L'italien est également parlé par les grandes communautés italiennes émigrées, en particulier aux Etats-Unis (**Stati Uniti**), avec quasiment 1 500 000 italophones, et au Canada (**Canada**), plus d'un demi million.

L'alphabet italien est identique à celui du français, auquel il faut ajouter des accents indiquant l'accentuation uniquement (voir ci-dessous). Les lettres, **j, k, w, x** et **y** n'apparaissent toutefois que dans les mots étrangers.

Toutes les lettres se prononcent en finale et il n'y a pas de diphtongues nasales («on», «in», «en», «un», etc.), par example **non** (ne … pas) se prononce «nonn» (comme dans «to**nn**e» et non comme le «on» français).

Le français a absorbé de nombreux mots italiens, par exemple: **studio, scenario, ghetto**, de même que de nombreux termes dans les domaines de l'alimentation (par exemple: **brocoli, macaroni, pizza, spaghetti**) et de la musique (par exemple: **concerto, piano, solo, trio**).

Consonnes

Lettres	Prononciation approximative	Symbole	Exemple	
b, d, f, l, m, n, p, t, v	se prononcent comme en français			
c/cc	suivi de **e** ou de **i**, comme **tch** dans **tch**èque	tch	**cena**	tchééna
	ailleurs comme **c** dans **c**adeau			
ch	suivi de **e** ou de **i**, comme **k** dans **k**ilo	k	**chiesa**	kiéésa
g	suivi de **e** ou de **i**, comme **dj** dans **dj**inn	dj	**gelato**	djélláto
	ailleurs comme **g** dans **g**are			
gh	comme **g** dans **g**are	g	**ghiaccio**	ghiatchio
gl	se prononce comme un «l mouillé»	ly	**moglie**	molyié
gn	comme dans oi**gn**on	gn	**signora**	signôra
h	ne se prononce pas		**ho**	o
qu	comme dans é**qu**ation	cou	**qui**	coui
r	roulé avec la pointe de la langue	r	**rapido**	rapido
s	parfois, lorsque placé entre deux voyelles, comme **z** dans **z**oo	z	**viso**	vîzo
	sinon comme **s** dans **s**i	s/ss	**sono, posso**	sôno, posso
sc	suivi de **e** ou de **i**, comme **ch** dans **ch**at	ch	**sciopero**	chiôpéro
	sinon comme **sc** dans **sc**olaire	sc	**scambio**	scammbyo
z/zz	parfois (surtout après une consonne et devant une voyelle) comme **dz**	dz	**pranzo**	pranndzo
	sinon comme **ts** dans **ts**ar	ts	**grazie**	grâtsié

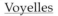

Voyelles

Vous remarquerez, en entendant parler les Italiens, que le **e** se prononce aussi comme dans t**ê**te et le **o** comme dans p**o**mme. Vous pourrez relever et imiter ces variations de prononciation, mais vous n'aurez pas de peine à vous faire comprendre si vous utilisez le système simplifié que nous vous indiquons.

En italien, une voyelle est longue si elle est accentuée et suivie d'une seule consonne. Exemple: **sono** = **sôno**. Elle est brève dans la pulpart des autres cas. Les voyelles longues sont indiquées soit par un dédoublement (**éé**), soit par l'adjonction d'un accent circonflexe (**oû**).

Lettres	Prononciation approximative	Symbole	Exemple	
a	comme dans c**a**p	a	**basta**	b_a_sta
a	plus longue	â	**fare**	_fâre_
e	comme **é** dans th**é**	é	**presto**	_présto_
e	plus longe	éé	**bene**	_bééné_
i	comme **i** dans s**i**	i	**il**	il
	plus longue	î	**fino**	f_i_no
o	comme **o** dans m**o**to	o	**molto**	m_o_lto
	plus longue	ô	**signora**	sign_ô_ra
u	comme **ou** dans t**ou**t	ou	**urgente**	ourdj_é_nté
u	plus longue	oû	**scusi**	sko_û_zi

Diphtongues

Les voyelles **a**, **e** et **o** sont des voyelle fortes, **i** et **u** sont des voyelles faibles. Lorsque deux voyelle fortes se succèdent, elles sont prononcées comme deux syllabes. Exemple: **maestro** = **ma_é_stro**. Si une voyelle forte et une voyelle faible se trouvent réunies, elles forment une diphtongue, c'est-à-dire qu'elles sont prononcées comme une seule syllabe. Exemple: **guida** = **gou_î_da**. Dans nos transcriptions, des groupes tels que **aï** doivent être lus comme des diphtongues, c'est-à-dire que la première voyelle se fond dans le **i**.

Accentuation

L'accentuation a été indiquée dans la transcription phonétique par le soulignement des lettres à prononcer avec plus d'insistance que les autres.

La voyelle de l'avant-dernière syllabe est généralement accentuée. Lorsqu'une voyelle finale est accentuée, elle est marquée d'un accent (**caffé**).

Prononciation de l'alphabet italien

A *a*	**H** *akka*	**O** *o*	**V** *vi*
B *bi*	**I** *i*	**P** *pi*	***W** *vi doppia*
C *tchi*	***J** *i lounga*	**Q** *cou*	***X** *ix*
D *di*	***K** *kappa*	**R** *érré*	***Y** *ipsilonn*
E *é*	**L** *éllé*	**S** *éssé*	**Z** *dzééta*
F *éffé*	**M** *émme*	**T** *ti*	
G *dji*	**N** *énné*	**U** *ou*	

* Ces lettres ne figurent pas, en fait, dans l'alphabet italien. Elles n'apparaissent que dans les mots empruntés à d'autres langues.

Expressions Courantes

L'ESSENTIEL

Oui.	**Si.** *si*
Non.	**No.** *no*
D'accord.	**D'accordo./Va bene.** *da_cordo/va bééné*
S'il vous plaît.	**Per piacere./Per favore.** *pér pia_chééré/pér favôré*
Merci (beaucoup).	**(Mille) grazie.** *(millé) grâtsié*

Salutations/Excuses Saluti e scuse

Bonjour!/Salut!	**Salve!/Ciao!** *sâlvé/tchâo*
Bonjour.	**Buongiorno.** *bou_on djôrno*
Bonsoir.	**Buonasera.** *bou_ona sééra*
Bonne nuit.	**Buonanotte.** *bou_ona noté*
Au revoir.	**Arrivederci.** *arrivédértchi*
Excusez-moi!/S'il vous plaît! (à un serveur)!	**Scusi!** *sko_ûzi*
Excusez-moi!/Pardon! (pour qu'on vous laisse passer)	**Permesso?** *pérmésso*
Pardon!/Désolé(e)!	**Scusi!/Sono spiacente!** *sko_ûzi/sôno spiatchénté*
Je ne l'ai pas fait exprès.	**Non l'ho fatto a posto.** *nonn lo fatto a posto*
Je vous en prie.	**Prego.** *préégo*

Problèmes de communication
Difficoltà di comunicazione

Parlez-vous français?
Parla francese?
parla franntchéésé

Y a-t-il quelqu'un qui parle français?
C'è qualcuno che parla francese?
tché coualcouno ké parla franntchéésé

Je ne parle pas (beaucoup) italien.
Non parlo italiano (molto bene).
nonn parlo italiâno (molto bééné)

Pourriez-vous parler plus lentement?
Può parlare più lentamente?
pouo parlâré piou léntaménté

Pourriez-vous répéter ça?
Può ripetere? *pouo ripétéré*

Pardon?/Qu'avez-vous dit?
Prego?/Cosa ha detto?
préégo/cosa a détto

Comment ça s'écrit?
Come si scrive?
cômé si skrîvé

Pourriez-vous l'écrire, s.v.p.
Lo scriva, per piacere.
lo skrîva pér piatchééré

Pourriez-vous traduire ça?
Può tradurre questo?
pouo tradourré couésto

Qu'est-ce que ça veut dire?
Cosa significa questo/quello?
cosa significa couésto/couéllo

Pourriez-vous me montrer la phrase dans le livre?
Per piacere, indichi la frase nel libro.
pér piatchééré inndiki la frâzé nel lîbro

Je comprends.
Capisco. *capisco*

Je ne comprends pas.
Non capisco. *nonn capisco*

Est-ce que vous comprenez?
Capisce? *capiché*

– *Fa tredicimila cinquecento lire.* (Ça fait 13 500 lires.)
– *Non capisco.* (Je ne comprends pas.)
– *Fa tredicimila cinquecento lire.* (Ça fait 13 500 lires.)
– *Lo scriva, per piacere … Ah. 13 500 lire … Ecco.*
(Pouvez-vous l'écrire, s.v.p.? … Ah, 13 500 lires. Voilà.)

Questions Domande

En italien, on peut former les questions de la façon suivante:
1. par intonation de la voix
(Les pronoms sujets s'utilisent rarement, seulement lorsqu'on désire vraiment insister)

Parlo italiano.	Je parle italien.
Parla italiano?	Parlez-vous italien?

2. en inversant l'ordre des mots (►12-17)

Quando apre il museo?	Quand le musée ouvre-t-il?

Où? Dove?

Où est-ce?	**Dov'è?** *dov<u>é</u>*
Où allez-vous?	**Dove va?** *<u>d</u>ové va*
au point de rendez-vous	**al punto d'incontro** *al p<u>ou</u>nto dinnc<u>o</u>nntro*
loin de moi	**lontano da me** *lonnt<u>â</u>no da mé*
à l'étage d'en bas	**al piano inferiore** *al pi<u>a</u>no inféri<u>ô</u>ré*
de la France	**della Francia** *d<u>é</u>lla fr<u>a</u>nntchia*
(d)'ici	**(da) qui** *(da) co<u>u</u>i*
dans la voiture	**in automobile** *inn aoutom<u>ô</u>bilé*
en Italie	**in Italia** *inn it<u>â</u>lia*
à l'intérieur	**dentro** *d<u>é</u>ntro*
près de la banque	**vicino alla banca** *vitch<u>î</u>no <u>a</u>lla b<u>a</u>nnca*
à côté des pommes	**accanto alle mele** *ac<u>a</u>nnto <u>a</u>llé m<u>éé</u>lé*
en face du marché	**di fronte al mercato** *di fr<u>o</u>nnté al mérc<u>â</u>to*
à gauche/à droite	**a sinistra/a destra** *a sinn<u>i</u>stra/a d<u>é</u>stra*
là-bas	**là** *la*
à l'hôtel	**all'albergo** *allalb<u>é</u>rgo*
vers Florence	**verso Firenze** *v<u>é</u>rso fir<u>é</u>nzé*
devant le café	**fuori del bar** *fou<u>ô</u>ri dél bar*
à l'étage d'en haut	**al piano superiore** *al pi<u>a</u>no soupéri<u>ô</u>ré*

Quand? Quando?

Quand le musée est-il ouvert?	**Quando apre il museo?** *couanndo apré il mouzéo*
A quelle heure arrive le train?	**Quando arriva il treno?** *couanndo arrîva il trééno*
il y a 10 minutes	**dieci minuti fa** *diétchi minouti fa*
après le déjeuner	**dopo pranzo** *dopo pranndzo*
toujours	**sempre** *sémpré*
vers minuit	**verso mezzanotte** *vérso médzannoté*
à 7 heures	**alle sette** *allé sété*
avant vendredi	**prima di venerdì** *prîma di vénérdi*
pour demain	**entro domani** *éntro domâni*
tôt/de bonne heure	**di buon'ora** *di bouonnôra*
chaque semaine/toutes les semaines	**ogni settimana/tutte le settimane** *ogni sétimâna/touté lé sétimâné*
pendant 2 heures	**per due ore** *pér doué ôré*
de 9h à 18h	**dalle nove alle diciotto** *dallé nôvé allé ditchoto*
tout de suite/immediatement	**subito/immediatamente** *soubito/immédiataménté*
dans 20 minutes	**in venti minuti** *inn vénti minnouti*
jamais	**non mai** *nonn maï*
pas encore	**non ancora** *nonn anncôra*
maintenant	**ora/adesso** *ôra/adésso*
souvent	**sovente/spesso** *sovénté/spésso*
le 8 mars	**l'otto marzo** *lotto martso*
pendant la semaine	**nei giorni feriali** *néi djorni fériâli*
quelquefois	**qualche volta** *coualké volta*
bientôt	**presto/fra poco** *présto/fra poco*
alors/ensuite/puis	**poi** *poï*
en 2 jours	**entro due giorni** *éntro doué djorni*

Quelle sorte de …? Che tipo di …?

Je voudrais quelque chose … **Vorrei qualcosa …**
vorréi coualcôsa

C'est … **È … é**

agréable, beau/ désagréable	**gradevole/bello(-a)/sgradevole** *gradéévolé/béllo(-a)/zgradéévolé*	
beau/laid	**bellissimo(-a)/brutto(-a)** *béllissimo(-a)/brouto(-a)*	
bon marché/cher	**a buon prezzo/caro(-a)** *a bouonn prétso/câro(-a)*	
bon/mauvais	**buono(-a)/cattivo(-a)** *bouono(-a)/catîvo(-a)*	
chaud/froid	**caldo(-a)/freddo(-a)** *caldo(-a)/fréddo(-a)*	
délicieux/dégoûtant	**delizioso(-a)/disgustoso(-a)** *délitsiôzo(-a)/disgoustôzo(-a)*	
étroit/large	**stretto(-a)/largo(-a)** *strétto(-a)/largo(-a)*	
facile/difficile	**facile/difficile** *fatchilé/diffîtchilé*	
grand/petit	**grande/piccolo(-a)** *granndé/piccolo(-a)*	
haut/bas	**alto(-a)/basso(-a)** *alto(-a)/basso(-a)*	
juste/faux	**giusto(-a)/sbagliato(-a)** *djousto(-a) zbaliâto(-a)*	
libre/occupé	**libero(-a)/occupato(-a)** *libéro(-a)/ocoupâto(-a)*	
lourd/léger	**pesante/leggero(-a)** *pésannté/lédjééro(-a)*	
mieux/pire	**migliore/peggiore** *milyôré/pédjôré*	
moderne/démodé	**moderno(-a)/antiquato(-a)** *modérno(-a)/anticouâto(-a)*	
ouvert/fermé	**aperto(-a)/chiuso(-a)** *apérto(-a)/kioûso(-a)*	
propre/sale	**pulito(-a)/sporco(-a)** *poulito(-a)/sporco(-a)*	
sombre/clair	**scuro(-a)/chiaro(-a)** *skoûro(-a)/kiâro(-a)*	
vide/plein	**vuoto(-a)/pieno(-a)** *vouôto(-a)/piééno(-a)*	
vieux/neuf	**vecchio(-a)/nuovo(-a)** *vékio(-a)/nouôvo(-a)*	
rapide/lent	**veloce/lento(-a)** *vélotché/lénto(-a)*	

14

Il y a deux genres en italien, le masculin et le féminin, et les adjectifs s'accordent en genre et en nombre avec le nom qu'ils qualifient.

Combien? Quanto/quanti?

C'est combien?	**Quanto costa?** *couannto costa*
Combien y en a-t-il?	**Quanti ce ne sono?** *couannti tché né sôno*
1/2/3	**uno(-a)/due/tre** *ouno(-a)/doué/tré*
4/5	**quattro/cinque** *couatro/tchinncoué*
aucun	**nessuno(-a)** *néssouno(-a)*
environ 10 000 lires	**circa diecimila lire** *tchirca diétchimila liré*
un peu	**un poco** *oun poco*
beaucoup de circulation	**molto traffico** *molto traffico*
assez	**abbastanza/sufficiente** *abbastanntsa/souffitchiénté*
quelques/quelques-un(unes)	**alcuni(-e)/alcuni(-e) di loro** *alcouni(-é)/alcouni(-é) di lôro*
plus que ça	**più di quello(-a)** *piou di couéllo(-a)*
moins que ça	**meno di quello(-a)** *mééno di couéllo(-a)*
beaucoup plus	**molto di più** *molto di piou*
rien d'autre	**nient'altro** *niéntaltro*
trop	**troppo(-a)** *troppo(-a)*

Pourquoi? Perchè?

Pourquoi ça?	**Perchè?** *pérké*
Pourquoi pas?	**Perchè no?** *pérké no*
parce que je suis pressé(e)	**perchè ho fretta** *pérké o fréta*
Je ne sais pas pourquoi.	**Non so perchè.** *nonn so pérké*

Qui?/Lequel? Chi?/Quale?

Qui est là?	**Chi è?** *ki é*
C'est moi!	**Sono io!** *sôno io*
C'est nous!	**Siamo noi!** *siâmo noi*
quelqu'un	**qualcuno** *coualcouno*
personne	**nessuno** *néssouno*
Lequel/laquelle voulez-vous?	**Quale vuole?** *couâlé vouôlé*
un(e) comme ceci	**uno(-a) come quello(-a)** *ouno(-a) côme couéllo(-a)*
celui-là/celui-ci	**quello(-a)/questo(-a)** *couéllo(-a)/couésto(-a)*
pas celui(celle)-là	**non quello(-a)** *nonn couéllo(-a)*
quelque chose	**qualcosa** *coualcôsa*
rien	**nulla/niente** *noulla/niénté*
aucun	**nessuno(-a)** *néssouno(-a)*

A qui? Di chi?

A qui est ce?	**Di chi è quello(-a)?** *di ki é couéllo(-a)*
C'est …	**È … ** *é*
à moi/à nous	**mio(-a)/nostro(-a)** *mio(-a)/nostro(-a)*
à vous	**Suo(-a)/tuo(-a)** *souo(-a)/touo(-a)*
à lui/à elle/à eux	**suo(-a)/di lui (di lei)/loro** *souo(-a)/di loui (di léi)/loro*

GRAMMAIRE

les pronoms

	masculin singulier	masculin pluriel	féminin singulier	féminin pluriel
mon/ma/mes	**il mio**	**i miei**	**la mia**	**le mie**
ton/ta/tes	**il tuo**	**i tuoi**	**la tua**	**le tue**
son/sa/ses	**il suo**	**i suoi**	**la sua**	**le sue**
notre/nos	**il nostro**	**i nostri**	**la nostra**	**le nostre**
votre/vos	**il vostro**	**i vostri**	**la vostra**	**le vostre**
votre/vos (polit. sing.)	**il suo**	**i suoi**	**la sua**	**le sue**
votre/vos (polit. plur.)	**il loro**	**i loro**	**la loro**	**le loro**
leur/leurs	**il loro**	**i loro**	**la loro**	**le loro**

Comment? Come?

Comment voulez-vous payer?	**Come desidera pagare?** _comé dézidéra pagaré_
Comment arrivez-vous ici?	**Come arriva qui?** _comé arriva coui_
en voiture	**in automobile/in macchina** _in aoutomóbilé/in makina_
avec une carte de crédit	**con carta di credito** _con carta di crédito_
par hasard	**per caso** _pér câzo_
également	**ugualmente** _ougoualménté_
extrêmement	**estremamente** _éstrémaménté_
à pied	**a piedi** _a piédi_
vite/rapidement	**presto** _présto_
lentement	**lentamente** _léntaménté_
trop vite	**troppo veloce** _troppo vélotché_
totalement	**totalmente** _totalménté_
très	**molto** _molto_
avec un(e) ami(e)	**con un amico/un'amica** _con oun amico/amica_

C'est ...?/Y a-t-il ...? È ...?/Ci sono ...?

C'est ...?	**È ...?** _é_
C'est libre?	**È libero(-a)?** _é libéro(-a)_
Ce n'est pas prêt.	**Non è pronto(-a).** _nonn é pronto(-a)_
Y a-t-il un(e)/des ...?	**C'è un(-a)/Ci sono ...?** _tché oun(-a)/tchi sôno ..._
Y a-t-il un bus pour aller au centre?	**C'è un autobus per il centro?** _tché oun aoutobouss pér il tchéntro_
Y a-t-il des bus pour l'aéroport?	**Ci sono autobus per l'aeroporto?** _tchi sôno aoutobouss pér laéroporto_
Le/la/les voici.	**Eccolo(-a)/eccoli(-e).** _éccolo/éccoli_
Le/la/les voilà.	**È là/sono là.** _é la/sôno la_

Pouvoir Potere

Est-ce que je peux avoir …?	**Posso avere …?** _posso avééré_
Est-ce que nous pouvons avoir …?	**Possiamo avere …?** _possiâmo avééré_
Pouvez-vous me dire …?	**Può dirmi …?** _può dirmi_
Pouvez-vous m'aider?	**Può aiutarmi?** _può aioutârmi_
Est-ce que je peux vous aider?	**Posso aiutarli?** _posso aioutârvi_
Pouvez-vous m'indiquer le chemin pour …?	**Può indicarmi la via per …?** _può indicarmi la via pér_
Je ne peux pas.	**Non posso.** _nonn posso_

Qu'est-ce que vous voulez? Cosa desidera?/vuole?

Je voudrais …	**Vorrei …** _vorréi_
Est-ce que je peux avoir …?	**Posso avere …?** _Posso avééré_
Nous voudrions …	**Vorremmo …** _vorrémmo_
Donnez-moi …	**Mi dia …** _mi dia_
Je cherche …	**Cerco …** _tchérco_
Je dois …	**Devo …** _déévo_
aller …	**andare …** _andâré_
trouver …	**trovare …** _trovâré_
voir …	**vedere …** _védééré_
parler à …	**parlare a …** _parlâré a_

> – Scusi! (Excusez-moi!)]
> – Sì? (Oui?)
> – Può aiutarmi? (Pouvez-vous m'aider?)
> – Sì, certamente. (Oui, bien sûr.)
> – Vorrei parlare al Signor Gambetti.
> (Je voudrais parler à monsieur Gambetti.)
> – Un momento, per favore. (Un moment, s.v.p.)

Autres mots utiles
Altre parole utili

heureusement	**fortunatamente** *fortounataménté*
J'espère que …	**Espero che …** *espééro ké*
bien sûr	**certo** *tchérto*
peut-être	**forse/possibilmente** *forsé/possibilménté*
probablement	**probabilmente** *probabilménté*
malheureusement	**sfortunatamente** *sfortounataménté*

Exclamations   Esclamazioni

Enfin!	**Finalmente!** *finalménté*
Zut!	**Maledizione!** *maléditsiôné*
Continuez.	**Continui.** *continoui*
Mon Dieu!	**Santo Cielo!** *sannto tchiéélo*
Incroyable!	**Incredibile!** *incrédibilé*
Ça ne me fait rien.	**Mi è indifferente.** *mi é indifférénté*
Pas question!	**Assolutamente no!** *assoloutaménté no!*
Ah bon?/Vraiment?	**Davvero?** *davvééro*
Quelles bêtises!	**Stupidaggini!** *stoupidadjini*
Ça suffit!	**Basta!** *basta*
C'est vrai.	**È vero.** *é vééro*
Comment ça va?	**Come vanno le cose?** *comé vanno lé côsé*
Bien, merci.	**Bene, grazie.** *bééné grâtsié*
super	**magnificamente** *magnificaménté*
formidable	**benissimo** *bénissimmo*
très bien	**molto bene** *bééné*
pas mal	**non male** *nonn mâlé*
assez bien	**abbastanza bene** *abbastanntsa bééné*
pas bien	**non bene** *nonn bééné*

19

Hébergement

Il est indispensable de réserver tôt auprès de la plupart des principaux centres touristiques, en particulier pendant la haute saison ou lors d'événements spéciaux. Si vous ne réservez pas, vous trouverez dans la majorité des villes et points d'arrivée un bureau d'informations touristiques (**azienda di promozione turistica** ou **ufficio turistico**). L'organisation touristique italienne **E.N.I.T.** publie un répertoire annuel reprenant les 37 000 hôtels italiens, accompagnés d'informations concernant les tarifs minimums et maximums, ainsi que les équipements.

Une vaste gamme de logements est mise à votre disposition, des **locande** (auberges de campagne), aux **rifugi alpini** (refuges), en passant par les édifices historiques convertis, ainsi que:

albergo/hotel *albérgo/otél*
Les hôtels italiens sont classés comme étant **di lusso** (classe de luxe internationale), ou de **prima**, **seconda**, **terza**, **quarta categoria** (première, deuxième, troisième, quatrième catégorie).

Remarque: près des gares ferroviaires en particulier, se trouvent souvent des **alberghi diurni** («hôtels de jour»). Ces logements ne sont pas équipés pour la nuit, mais disposent de salles de bains, toilettes, salons de coiffure, et autres services similaires. La plupart ferment leurs portes à minuit.

motel *motél*
L'association automobile d'Italie possède une liste des motels recommandés.

pensióne *pénsi̱ǫné*
Correspond à une pension de famille; elle propose généralement une **pensione completa** (pension complète), ou une **mezza pensione** (demi-pension).

ostello della gioventù *ostello délla djovéntóu*
L'association italienne des auberges de jeunesse (**AIG**) publie un guide complet des auberges de jeunesse d'Italie (bureau principal: Via Cavour 44, Rome ☎ 06/4871152; vous pourrez également vous informer dans chacun des **CTS** (**Centro Turistico Studentesco**). Il est préférable de réserver.

Réservations Prenotazioni

A l'avance In anticipo

Pouvez-vous me recommander un hôtel à …?	**Può consigliarmi un albergo a …?** *pouo consily<u>a</u>rmi oun alb<u>é</u>rgo a*
Est-ce près du centre-ville?	**È vicino al centro città?** *é vitch<u>i</u>no al <u>tch</u>éntro tch<u>i</u>ta*
C'est combien la nuit?	**Quanto costa per notte?** *cou<u>a</u>nnto <u>co</u>sta pér <u>no</u>tté*
Y a-t-il quelque chose de moins cher?	**C'è qualcosa di più economico?** *tché coualc<u>ô</u>sa di p<u>i</u>ou écon<u>ô</u>mico*
Pourriez-vous m'y réserver une chambre, s.v.p.?	**Può prenotarmi una camera lì, per piacere?** *pouo préno<u>ta</u>rmi <u>o</u>una c<u>â</u>méra li pér piatch<u>ééré</u>*
Comment puis-je m'y rendre?	**Come ci arrivo?** *c<u>o</u>mé tchi arr<u>i</u>vo*

A l'hôtel All'albergo

Avez-vous des chambres libres?	**Ha camere libere?** *a c<u>â</u>méré l<u>i</u>béré*
Je regrette, nous sommes complet.	**Mi dispiace, siamo al completo.** *mi dispi<u>a</u>tché si<u>a</u>mo al compl<u>é</u>to*
Y a-t-il un autre hôtel près d'ici?	**C'è un altro albergo qui vicino?** *tché oun <u>a</u>ltro alb<u>é</u>rgo cou<u>i</u> vitch<u>i</u>no*
Je voudrais une chambre pour une/deux personnes.	**Vorrei una camera singola/doppia.** *vorr<u>éi</u> <u>o</u>una c<u>â</u>méra s<u>i</u>nngola/d<u>o</u>ppia*
Une chambre avec …	**Una camera con …** *<u>o</u>una c<u>â</u>méra conn*
des lits jumeaux	**due letti** *dou<u>é</u> l<u>é</u>ti*
un grand lit	**un letto matrimoniale** *oun l<u>é</u>to matrîmonni<u>â</u>lé*
une salle de bains/douche	**un bagno/una doccia** *oun <u>ba</u>gno/<u>o</u>una d<u>o</u>tcha*

– Ha camere libere?
(Avez-vous des chambres libres?)

– Mi dispiace, siamo al completo.
(Je regrette, nous sommes complets.)

– C'è un altro albergo qui vicino?
(Y a-t-il un autre hôtel près d'ici?)

– Sì. Albergo «La Giara» è vicino.
(Oui. L'hôtel «La Giara» est près d'ici.)

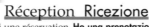

Réception Ricezione

J'ai une réservation.
Le nom est …

Ho una prenotazione. Il nome è …
o ouna prénotatsiọné. il nọmé é

Nous avons réservé
une chambre pour
deux personnes et une
chambre à un lit.

Abbiamo prenotato una camera doppia e una camera singola. *abbiạmo prénotạto ouna cammẹra doppia é ouna cammẹra sinngola*

J'ai confirmé par lettre.

Ho confermato per lettera.
o connfẹrmạto pér lẹtéra

Pourrions-nous avoir des
chambres adjacentes?

Possiamo avere camere adiacenti?
possiạmo avéẹré cammẹré adiatchénti

Equipement et services Attrezzatura e servizi

Y a-t-il … dans la chambre?

C'è … nella camera?
tché nẹlla cammẹra

la climatisation

la climatizzazione
la climatidzatsiọné

une télévision/un téléphone

una televisione/un telefono
ouna télévizionẹ/ oun télẹfonno

Y a-t-il … à l'hôtel?

L'albergo ha … *lalbẹrgo a*

un service de laverie

un servizio di lavanderia
oun sẹrvitsio di lavanndéria

la télévision par satellite

la televisione via satellite
la télévizionẹ via satẹllité

un solarium

un solarium *oun solạrioum*

une piscine

una piscina *ouna pichịna*

Pourriez-vous mettre … dans
la chambre?

Può mettere … nella camera?
pouọ mẹtérré … nẹlla cammẹra

un lit supplémentaire

un letto supplementare
oun lẹtto soupplémentạré

un berceau

una culla *ouna coulla*

Y a-t-il des aménagements
pour enfants/handicapés?

È attrezzato per i bambini/i clienti disàbili?
é atrédzạto pér i bammbịni/ i cliẹnti disạbili

Combien de temps ? Quanto tempo?

Nous resterons …	**Ci fermeremo …** *tchi férméréémo*
une nuit seulement	**solo per una notte** *solo pér ouna notté*
quelques jours	**per alcuni giorni** *pér alcouni djorni*
une semaine (au moins)	**una settimana (minimo)** *ouna sétimâna (minnimmo)*
Je ne sais pas encore.	**Non so ancora.** *nonn so anncora*
Je voudrais rester une nuit supplémentaire.	**Vorrei fermarmi per un'altra notte.** *vorréi férmarmi pér ounaltra notté*

– Buon giorno. Il nome è Jean Dupont.
(Bonjour. Je m'appelle Jean Dupont.)
– Ah, buona sera, Signor Dupont. (Bonjour monsieur Dupont.)
– Vorrei fermarmi per due notte. (Je voudrais rester 2 nuits.)
– Ah sì. Firmi qui, per piacere.
(Ah oui. Veuillez signer ici, s.v.p.)

Posso vedere il suo passaporto, per piacere?	Est-ce que je peux voir votre passeport, s.v.p.?
Per piacere compili questo modulo/firmi qui.	Veuillez remplir cette fiche/ signer ici, s.v.p.
Qual'è il suo numero di targa?	Quel est votre numéro d'immatriculation?

SOLO CAMERE LIRE …	chambre seule … lires
COLAZIONE COMPRESA	petit déjeuner compris
RISTORANTE	restaurant
IL COGNOME/IL NOME	nom/prénom
L'INDIRIZZO/IL DOMICILIO/ LA VIA/IL NUMERO	addresse/lieu de rési- dence/rue/numéro
LA NAZIONALITÀ/LA PROFESSIONE	nationalité/profession
LA DATA/IL LUOGO DI NASCITA	date/lieu de naissance
IL NUMERO DI PASSAPORTO	numéro de passeport
IL NUMERO DI TARGA DEL VEICOLO	numéro d'immatriculation du véhicule
IL LUOGO/LA DATA	lieu/date
LA FIRMA	signature

Prix Prezzo

Quel est le prix …?	**Quant'è …?** *couannté*
par nuit/semaine	**per notte/per settimana** *pér notté/pér séttimâna*
pour la chambre et le petit déjeuner	**per il pernottamento e la (prima) colazione** *pér il pérnotamménto é la (prîma) colatsiôné*
sans les repas	**pasti esclusi** *pasti esclouzi*
pour la pension complète	**per la pensione completa** *pér la pénsiôné commpléta*
pour la demi-pension	**per la mezza pensione** *pér la métsa pénsiôné*
Est-ce-que cela comprend …?	**Il prezzo include …?** *il prétso innclouédé*
le petit déjeuner	**la (prima) colazione** *la (prîma) colatsiôné*
la T.V.A.	**l'IVA (Imposta Valore Aggiunto)** *liva (immposta valoré adjiounto)*
Dois-je verser des arrhes?	**Devo pagare un anticipo?** *déévo pagâré oun anntitchipo*
Y a-t-il une réduction pour les enfants?	**Ci sono sconti per i bambini?** *tchi sôno sconnti pér i bammbîni*

Décision Decisione

Puis-je voir la chambre?	**Posso vedere la camera?** *posso védééré la camméra*
C'est bien. Je la prends.	**Va bene. La prendo.** *va bééné. la préndo*
Elle est trop …	**È troppo …** *é troppo*
sombre/petite	**buia/piccola** *bouia/piccola*
bruyante	**rumorosa** *roumorôza*
Avez-vous quelque chose de …?	**Ha qualcosa di …?** *a coualcoza di*
plus grand/moins cher	**più grande/più economico** *piou granndé/piou éconnommico*
plus calme/plus chaud	**più tranquillo/più caldo** *piou tranncouillo/piou caldo*
Non, je ne la prends pas.	**No, non la prendo.** *no nonn la préndo*

Problèmes Problemi

Le/La … ne marche pas.	**… non funziona.** *nonn fountsiôna*

climatisation	**la climatizzazione** *la climatidzatsiône*
ventilateur	**il ventilatore** *il véntilatôré*
chauffage	**il riscaldamento** *il riscaldaménto*
lumière	**la luce** *la loutché*
Je ne peux pas allumer/ éteindre le chauffage.	**Non posso accendere/spegnere il riscaldamento.** *nonn posso atchéndéré/spégnéré il riscaldaménto*
Il n'y a pas d'eau chaude/ de papier toilette.	**Non c'è acqua calda/carta igienica.** *nonn tché acoua calda/carta idjénica*
Le robinet fuit.	**Il rubinetto perde.** *il roubinéto pérdé*
Le lavabo/cabinet est bouché.	**Il lavabo/gabinetto è bloccato.** *il lavabo/gabinétto é blocâto*
La fenêtre/porte est coincée.	**La finestra/porta è bloccata.** *la finéstra/porta é blocâta*
Ma chambre n'a pas été faite.	**La mia camera non è stata rifatta.** *la mia camméra nonn é stata rifata*
Le/la … est cassé(e).	**… è rotto(-a).** *é rotto(-a)*
store	**la tapparella** *la tapparélla*
serrure	**la serratura** *la sérratoûra*
Il y a des insectes dans notre chambre.	**Ci sono insetti nella nostra camera.** *tchi sôno innsétti nélla nostra camméra*

Action Azione

Pouvez-vous le/la contrôler?	**Può farlo(-a) controllare?** *pouo farlo(-a) conntrollâré*
Je voudrais changer de chambre.	**Vorrei cambiare camera.** *vorréi cammbiâré camméra*
Je voudrais parler au directeur.	**Vorrei parlare con il direttore.** *vorréi parllâré conn il diréttôré*

Besoins généraux Richieste gener[...]

A propos de l'hôtel In albergo

Où sont les toilettes? **Dove sono i gabinetti?**
Dové sôno i gabinétti

Où est le/la/l' ...? **Dov'è ...?** *dové*

ascenseur	**l'ascensore** *lachénsôré*
bar	**il bar** *il bar*
douche	**la doccia** *la dotcha*
parking	**il parcheggio** *il parkédjo*
piscine	**la piscina** *la pichîna*
salle à manger	**la sala da pranzo** *la sâla da pranndzo*
tableau d'affichage de l'agence de voyages	**la bacheca dell'agente di viaggio** *la bakéca délladjénté di viadjo*

L'hôtel a-t-il un garage? **L'albergo ha un garage?**
lalbérgo a oun garadjé

A quelle heure fermez-vous la porte d'entrée? **A che ora chiude la porta d'ingresso?**
a ké ora kioûdé la porta dinngrésso

A quelle heure servez-vous le petit déjeuner? **A che ora è servita la (prima) colazione?**
a ké ôra é sérvita la (prîma) colatsiôné

Y a-t-il un service de chambre? **C'è servizio camera?**
tché sérvitsio cammèra

SOLO PER RASOI	seulement pour rasoirs
USCITA D'EMERGENZA	sortie de secours
PORTA ANTINCENDIO	porte coupe-feu
NON DISTURBARE	ne pas déranger
FARE ... PER OTTENERE LA LINEA ESTERNA	composer le ... pour l'extérieur

26

La clé de la chambre …, s.v.p.	**La chiave della camera …, per piacere.** *la kiâvé délla camméra … pér piatchééré*
J'ai perdu ma clé.	**Ho perso la mia chiave.** *o pérso la mia kiâvé*
Je me suis enférmé(e) dehors.	**Mi sono chiuso(-a) fuori della camera.** *mi sôno kioûso(-a) fouôri délla camméra*
Pourriez-vous me réveiller à …?	**Può svegliarmi alle …?** *pouô zvélyiarmi allé*
Je voudrais le petit déjeuner dans ma chambre.	**Vorrei la (prima) colazione in camera.** *vorréi la (prîma) colatsiône inn camméra*
Puis-je laisser ceci dans le coffre-fort?	**Vorrei mettere questo in cassaforte.** *vorréi méttéré couésto in cassaforté*
Puis-je prendre mes affaires dans le coffre-fort?	**Vorrei ritirare le mie cose nella cassaforte.** *vorréi ritirâré lé mié côzé nélla cassaforté*
Où est notre représentant?	**Dov'è il nostro rappresentante?** *dové il nostro rappréséntannté*
la femme de chambre	**la cameriera** *la cammériééra*
un portier d'hôtel	**un portiere** *oun portiééré*
Puis-je avoir un/une/du/des …?	**Posso avere …?** *pôsso avééré*
serviette de bain	**un asciugamano** *oun achougamâno*
couverture	**una coperta** *ouna copérta*
cintres	**grucce per abiti** *groutché pér âbiti*
oreiller	**un cuscino** *oun couchîno*
savon	**del sapone** *dél sapôné*
Y a-t-il du courrier pour moi?	**C'è posta per me?** *tché posta pér mé*
Y a-t-il des messages pour moi?	**Ci sono messaggi per me?** *tchi sôno méssadji pér mé*

PETIT DEJEUNER ➤ 43; CHANGER DE L'ARGENT ➤ 138

Location (de logement) In affitto

Nous avons réservé un appartement/une villa au nom de …
Abbiamo prenotato un appartamento/una villa a nome di … *abbi̯amo prenota̯to oun appartamme̯nto/ ouna villa a no̯mé di*

Où devons-nous prendre les clés?
Dove possiamo prendere le chiavi? *do̯vé possi̯amo pre̯ndéré lé ki̯avi*

Où est le/la …?
Dov'è …? *do̯vé*

compteur électrique
il contatore dell'elettricità *il conntato̯ré déll élétritchita̯*

robinet
il rubinetto *il roubinne̯to*

chauffe-eau
lo scaldacqua *lo scalda̯coua*

Où sont les fusibles?
Dove sono i fusibili *do̯vé so̯no i fouzi̯bili*

Y a-t-il des … de rechange?
Ci sono … di ricambio? *tchi so̯no … di rica̯mmbio*

fusibles
fusibili *fouzi̯bili*

bouteilles de gaz
bombole di gas *bo̯mmbolé di gaz*

draps
lenzuoli *léntsou̯o̯li*

Quel jour vient la femme de ménage?
In che giorno viene la cameriera? *in ké dj̯orno vi̯e̯éné la cammérié̯éra*

Où/Quand dois-je sortir les poubelles?
Dove/Quando si mettono fuori i rifiuti? *do̯vé/couann̯do si me̯ttonno fou̯o̯ri i rifi̯outi*

Problèmes? Problemi?

Où est-ce que je peux vous contacter?
Dove posso contattarla? *do̯vé po̯sso conntata̯rla*

Comment fonctionne la cuisinière/le chauffe-eau?
Come funziona la cucina/lo scaldacqua? *co̯mé fountsio̯na la coutchi̯na/ lo scalda̯coua*

… est sale/sont sales.
… è sporco(a)/sono sporchi(-e). *… é spo̯rco(a)/so̯no spo̯rki(-é)*

Il/la … ne functionne pas.
Il/la/lo … non funziona. *il/la/lo … nonn fountsio̯na*

Nous avons cassé/perdu …
Abbiamo rotto/perso … *abbi̯amo ro̯to/pé̯rso*

Termes utiles Espressioni utili

bouilloire	**il bollitore** *il bollitôré*
casserole	**la pentola** *la péntola*
chauffe-eau	**lo scaldacqua** *lo scaldacoua*
congélateur	**il congelatore** *il conndjélatôré*
couverts	**i coperti** *i copérti*
cuisinière à gaz/électrique	**la cucina a gas/elettrica** *la coutchîna a gaz/élétrica*
lampe	**la lampada** *la lammpada*
machine à laver	**la lavatrice** *la lavatritché*
papier-toilette	**la carta igienica** *la carta idjénica*
poêle	**la padella** *la padélla*
réfrigérateur	**il frigorifero** *il frigorifero*
vaisselle	**le stoviglie** *lé stovilyé*

Chambres Camere

balcon	**il balcone** *il balcône*
chambre à coucher	**la camera da letto** *la cammóra da léto*
cuisine	**la cucina** *la coutchîna*
salle à manger	**la sala da pranzo/il tinello** *la sâla da pranndzo/il tinéllo*
salle de bains	**il bagno** *il bagno*
salle de séjour/le salon	**il soggiorno** *il sodjorno*
toilettes/WC	**la toletta/il gabinetto** *la tolétta/il gabinétto*

Auberge de jeunesse Ostello della gioventù

Avez-vous des places pour ce soir?	**Avete posti liberi per questa notte?** *avéété posti libéri pér couésta notté*
Louez-vous des draps?	**Noleggiate la biancheria da letto?** *nolédjâté la biannkéria da léto*
A quelle heure fermez-vous?	**A che ora chiudete?** *a ké ora kioudéété*

Camping Campeggio

Réservation Prenotazioni

Y a-t-il un camping près d'ici?	**C'è un campeggio qui vicino?** *tché oun cammpédjo couï vitchîno*
Avez-vous de la place pour une tente/une caravane?	**Avete un posto per una tenda/una carovana?** *avéété oun posto pér ouna ténda/ouna carovâna*
Quel est le tarif …?	**Quanto costa …?** *couannto costa*
par jour/semaine	**al giorno/alla settimana** *al djorno/alla sétimâna*
pour une tente/voiture	**per una tenda/un'auto(mobile)** *pér ouna ténda/ounaouto (oun aoutomobilé)*
pour une caravane	**per una carovana** *pér ouna carovâna*

Equipements Attrezzature

Est-il possible de faire la cuisine sur le terrain?	**Ci sono attrezzature per cucinare?** *tchi sôno atrétsatoûré pér coutchinâré*
Y a-t-il des prises électriques?	**Ci sono delle prese di corrente?** *tchi sôno déllé préézé di corrénté*
Où est le/la/l' …?	**Dov'è …?** *dové*
eau potable	**l'acqua potabile** *lacoua potâbilé*
point lavage	**la lavanderia** *la lavanndéria*
Où sont les …?	**Dove sono …?** *dôvé sôno …*
poubelles	**i cassettoni per i rifiuti** *i cassétôni pér i rifiouti*
douches	**le docce** *lé dotché*
Où puis-je acheter du camping-gaz?	**Dove si compra il campingas?** *dové si commpra il cammpingaz*

CAMPEGGIO VIETATO	camping interdit
ACQUA POTABILE	eau potable
VIETATO ACCENDERE FUOCHI/CUCINARE ALL'APERTO	feux/barbecues interdits

RESERVATIONS ➤ 21; DUREE DU SEJOUR ➤ 23

Plaintes Reclami

Il y a trop de soleil/d'ombre/ de gens ici.
È troppo esposto al sole/ombreggiato/affollato.
é troppo ésposto al sôlé/ommbrédjato/affollâto

Le sol est trop dur/inégal.
Il terreno è troppo duro/in dislivello.
il térrééno é troppo doûro/in dislivéllo

Y-a-t-il un emplacement plus plat?
C'è uno spazio più livellato?
tché ouno spatsio piou livéllâto

On ne peut pas camper ici.
Qui non si può campeggiare.
coui nonn si pouo cammpédjâré

Matériel de camping Attrezzatura per campeggio

allumettes
i fiammiferi *i fiammiféri*

charbon
il carbone *il carbôné*

camping-gaz
il campingas *il cammpingaz*

(grand) piquet de tente
il palo della tenda
il palo délla ténda

lit de camp
il lettino da campeggio
il létîno da cammpédjo

maillet
il maglio *il malyio*

marteau
il martello *il martéllo*

matelas (pneumatique)
il materasso (di gomma)
il matérasso (di gomma)

paraffine
la paraffina *la paraffina*

pétrole
il petrolio *il pétrolyo*

piquets de tente
i picchetti *i pikétti*

réchaud (de camping)
il fornello da campeggio
il fornéllo da cammpédjo

torche
la torcia *la tortchia*

sac à dos
lo zaino *lo dzaïno*

sac de couchage
il sacco a pelo *il sacco a péélo*

tente
la tenda *la ténda*

tapis de sol
il telo per il terreno
il téélo pér il térrééno

Départ Partenza

Les clients sont légalement tenus d'être en possession d'un reçu (**ricevuta fiscale**) pour tout service ou bien acheté, en quittant hôtels, magasins et restaurants.

Pourboire: le service est généralement inclus dans les notes d'hôtel et de restaurant. Néanmoins, si le service s'est avéré particulièrement satisfaisant, vous pouvez laisser un pourboire supplémentaire.

A quelle heure devons-nous libérer les chambres?	**A che ora dobbiamo lasciare libere le camere?** *a ké ọra dobbiạmo lachâré libéré lé camméré*
Pourrions-nous laisser nos bagages ici jusqu'à … heures?	**Possiamo lasciare i nostri bagagli qui fino alle …?** *possiạmo lachâré i nostri bagalyi couï fino allé …*
Je pars maintenant.	**Parto ora.** *parto ọra*
Pourriez-vous m'appeler un taxi, s.v.p.?	**Può chiamarmi un tassì, per piacere?** *pouọ kiamarmi oun tassi pér piatchééré*
J'ai passé un très bon séjour.	**È stato un soggiorno molto piacevole.** *é stâto oun sodjorno molto piatchéévolé*

Paiement Pagare

Puis-je avoir ma note, s.v.p.?	**Posso avere il conto, per favore?** *posso avééré il connto pér favọré*
Je crois qu'il y a une erreur sur cette note.	**Penso che ci sia un errore in questo conto.** *pénso ké tchi sia oun érrọré inn couésto connto*
J'ai passé … coups de téléphone.	**Ho fatto … telefonate.** *o fato … téléfonnâté*
J'ai pris … au mini-bar.	**Ho preso … dal minibar.** *o préézo … dal minibar*
Je voudrais une note détaillée, s.v.p.	**Vorrei un conto dettagliato, per favore.** *vorréi un connto détalyâto pér favọré*

Portier	Femme de ménage, pourboire par semaine	Serveur
1 500 lires	1 000–2 000 lires	5–10%

La table

Restaurants Ristoranti

Autogrill _aoutogril_
Grand restaurant en bord d'autoroute; proposant généralement un service de table et une cafétéria.

Bar _bar_
Bar; situé à presque chaque coin de rue; cafés et boissons y sont proposés. Vous devez d'abord vous procurer un ticket à la caisse dans la plupart de ceux-ci. Rendez-vous ensuite au comptoir pour y commander ce que vous désirez.

Caffé _cafè_
Café-restaurant; on n'y sert généralement pas de repas, excepté le petit déjeuner. S'ils proposent des **panini** (sandwiches) ou des **toasts**, vous pourrez y consommer une collation.

Gelateria _djélatéria_
Glacier; la glace italienne est très savoureuse, riche et crémeuse, rappelant souvent la glace à l'ancienne, faite maison.

Locanda _locannda_
Simples restaurants servant des plats régionaux.

Osteria _ostéria_
Auberge; offrant du vin et des repas simples.

Paninoteca _panînotéca_
Sandwicherie proposant une grande variété de sandwiches (**panini**) servis chauds ou froids.

Ristoranti   *ristorannti*

Vous verrez des restaurants tantôt classés par des étoiles, tantôt par des fourchettes et des couteaux, caractérisant tous les établissements, y compris les agences de voyages, associations automobiles et gastronomiques. Certains restaurants sont jugés selon leur décor fantaisiste, tandis que d'autres – étoffes et chandeliers mis à part – sont simplement classés sur la base de la qualité de leur cuisine.

Trattoria   *trattoria*

Restaurant à prix moyen servant repas et boissons. La nourriture y est simple mais peut s'avérer surprenante, si vous avez la chance de choisir le bon endroit. Un genre plus modeste de **trattoria** est la **taverna**. Ne perdez pas de vue que certains restaurants très chers peuvent s'appeler **Osteria**, **Trattoria** ou **Taverna**.

La majorité des restaurants affichent un menu en vitrine. Nombre d'entre eux offrent un menu touristique **(menù turistico)**, un menu à prix fixe avec trois ou quatre plats dans un choix limité ou la spécialité du jour **(piatto del giorno)**.

Tous les restaurants, quelle que soit leur modestie, sont tenus de délivrer une addition officielle **(la ricevuta fiscale)** détaillant la TVA **(I.V.A.)**. Tout client peut en fait être interpellé hors des lieux, et se voir infliger une amende s'il n'est pas en mesure de présenter ce reçu. L'addition comprend généralement le couvert **(il coperto)** et le service **(il servizio)**. Il vous sera peut-être difficile de trouver un restaurant avec une zone non-fumeur.

Heures des repas   Orari dei pasti

la (prima) colazione   *la (prîma) colatsiôné*

Le service du petit déjeuner dans les hôtels a généralement lieu entre 7 h et 10 h du matin. Les hôtels proposent fréquemment du café ou du thé, du pain, du beurre et de la confiture.

il pranzo   *il pranndzo*

Le déjeuner est pris entre 12.30 h et 14 h.

la cena   *la tchéna*

Le dîner commence à 19 h ou 20 h, mais les hôtels ont tendance à ouvrir leur salle à manger plus tôt pour les touristes étrangers. Les dénominations des repas peuvent prêter à confusion. Le déjeuner est parfois appelé **colazione** et le dîner **pranzo**, surtout en ville.

Cuisine italienne   Cucina italiana

La cuisine italienne ne se limite pas aux pâtes. Vous serez étonné par la richesse de sa variété: savoureux hors-d'œuvres, potages longuement mijotés, plats de viande traditionnels, poissons frais et fruits de mer, volailles de qualité supérieure, un choix incroyable de fromages, sans parler des succulents gâteaux et glaces. Chacune des 18 régions d'Italie a sa propre spécialité, dont la saveur et l'originalité ne feront jamais défaut, et inspirée par les fruits et légumes inondés de soleil.

Une table pour …	**Un tavolo per …**
	oun tàvolo pér
1/2/3/4	**uno(-a)/due/tre/quattro**
	ouno(-a)/doué/tré/couattro
Merci.	**Grazie.** *grâtsié*
L'addition, s.v.p.	**Il conto, per piacere.**
	il connto pér piatchééré

Chercher un restaurant Trovare un ristorante

Pouvez-vous nous conseiller un bon restaurant?	**Ci può consigliare un buon ristorante?** *tchi può consilyâré oun bouonn ristorannté*
Y a-t-il un restaurant … près d'ici?	**C'è un ristorante … qui vicino?** *ché oun ristorannté… coui vitchîno*
qui fait de la cuisine traditionnelle	**con cucina tradizionale** *conn coutchîna traditsionnâlé*
chinois / grec	**cinese/greco** *tchinnésé/gréco*
français	**francese** *franntchéésé*
turc	**turco** *tourco*
végétarien	**vegetariano** *védjétariâno*
bon marché	**buon mercato** *bouonn mércâto*
Où puis-je trouver un/une …?	**Dove si trova …?** *dôvé si trôva*
kiosque à hamburger	**un chiosco dove vendono hamburger** *oun kiosco dôvé véndono hamburger*
bar	**un bar** *oun bar*
bar avec terrasse / jardin	**un bar con terrazza/giardino** *oun bar con térratsa/djardîno*
restauration rapide / fast-food	**una tavola calda (un self-service)** *ouna tàvola calda (oun «self-service»)*
glacier	**una gelateria** *ouna djélatéria*
pizzeria	**una pizzeria** *ouna pittséria*
restaurant-grill	**ristorante specializzato in bistecche** *ristorannté spétchaliddzâto in bistékké*

DIRECTIONS ➤ 94

Réserver Prenotare

Je voudrais réserver une table pour 2 personnes.	**Vorrei prenotare un tavolo per due.** *vorréi prénotâré oun tavolo pér doué*
Pour ce soir/demain à ... heures.	**Per questa sera/domani alle ...** *pér couésta séra/domâni allé*
Nous viendrons à 20 h.	**Arriveremo alle ore venti.** *arrivéréémo allé oré vénti*
Une table pour 2, s.v.p.	**Un tavolo per due, per piacere.** *oun tavolo pér doué pér piatchééré*
Nous avons une réservation.	**Abbiamo una prenotazione.** *abbiâmo ouna prénotatsiôné*

A che nome, prego?	C'est à quel nom, s.v.p.?
Mi dispiace. Siamo al completo.	Je regrette. Nous sommes complets.
Avremo un tavolo libero fra ... minuti.	Nous aurons une table libre dans ... minutes.
Dovrà ritornare fra ... minuti.	Revenez dans ... minutes.

Où s'asseoir Dove sedersi

Pouvons-nous nous asseoir ...?	**Possiamo sederci ...?** *possiâmo sédértchi*
là-bas	**là** *la*
dehors	**fuori** *fouori*
dans une section non-fumeur	**in una zona per non fumatori** *in ouna dzona pér non foumatori*
près de la fenêtre	**vicino alla finestra** *vitchîno alla finéstra*

– Vorrei prenotare un tavolo per questa sera.
(Je voudrais réserver une table pour ce soir.)
– Per quante persone? (Pour combien de personnes?)
– Per quattro. (Pour quatre.)
– A che ora arriva? (A quelle heure arriverez-vous?)
– Arriveremo alle ore venti. (Nous arriverons à vingt heures.)
– E il nome, per favore? (Et, c'est à quel nom, s.v.p.?)
– Dupont. D-U-P-O-N-T.
– Bene. A questa sera. (Très bien, alors à ce soir.)

Commander Ordinare

Français	Italien
Garçon!/Mademoiselle!	**Cameriere!/Cameriera!** *cam) mériéééré/camériééra*
Puis-je avoir la carte des vins, s.v.p.?	**Può portarmi la lista dei vini, per piacere?** *pouo portârmi la lista déi vîni pér piatchééré*
Avez-vous un menu à prix fixe?	**Ha un menù fisso?** *a oun ménou fisso*
Pouvez-vous me recommander des spécialités régionales?	**Può consigliarmi dei piatti tipici della regione?** *pouo consilyârmi déi piatti tipitchi délla rédjôné*
Qu'y a-t-il dedans?	**Cosa c'è dentro?** *cosa tché déntro*
Qu'est-ce que vous avez comme …?	**Che tipo di … ha?** *ké tipo di … a*
Je voudrais …	**Vorrei …** *vorréi*
Je prendrai …	**Prendo …** *préndo*
une bouteille/un verre/une carafe de …	**una bottiglia/un bicchiere/una caraffa di …** *ouna bottilya/oun bikkiééré/ouna caraffa di*

È pronto(-a) per ordinare?	Vous désirez commander?
Cosa prende/desidera?	Qu'est-ce que vous prendrez?
Vuole ordinare prima le bibite?	Voulez-vous commander les boissons pour commencer?
Consiglio …	Je vous conseille …
Non abbiamo …	Nous n'avons pas de …
Ci vogliono … minuti.	Il faudra attendre … minutes.
Buon appetito!	Bon appétit.

– È pronto(-a) per ordinare? (Vous désirez commander?)

– Può consigliarci qualcosa di tipicamente italiano?
(Pouvez-vous nous conseiller des spécialités italiennes?)

– Sì, consiglio il saltimbocca alla romana.
(Oui. Je vous conseille le «saltimbocca alla romana».)

– D'accordo, prendo quello. (D'accord, je le prends.)

– Benissimo. E cosa vuole bere? (Très bien, et comme boissons?)

– Una caraffa di vino rosso, per piacere.
(Une carafe de vin rouge, s.v.p.)

QUELLE SORTE DE … ? ➤ 14; BOISSONS ➤ 49

Accompagnements Contorni

Je préfère … sans …	**Preferisco … senza …**
	preférisco … séntsa
Avec … comme accompagnement.	**Con un contorno di …**
	con oun conntorno di
Est-ce que je pourrais avoir une salade à la place des légumes?	**Si può avere insalata al posto dei legumi?**
	si pouo avééré innsalata al posto déi légoûmi
Le plat est-il servi avec des légumes/pommes de terres?	**Il piatto include legumi/patate?**
	il piatto innkloûdé légoûmi/patâté
Est-ce que vous voulez … avec cela?	**Vuole … con il suo piatto?**
	vouôlé … conn il souo piatto
des légumes	**legumi/verdure** *légoûmi/vérdoûré*
de la salade	**insalata** *innsalâta*
des pommes de terre/ des frites	**patate/patatine fritte**
	patâté/patatîné fritté
de la sauce	**la salsa** *la salsa*
Puis-je avoir du/de la/ de l'/des …?	**Mi può dare …?**
	mi pouo dâré
assaisonnement (huile/vinaigre)	**dei condimenti (olio/aceto)**
	déi conndiménti (olyo/atchéto)
beurre	**del burro** *dél bourro*
citron	**del limone** *dél limôné*
édulcorant	**dello zucchero dietetico**
	déllo dzoukkéro diétético
glaçons	**del ghiaccio** *dél ghiatcho*
moutarde	**della senape** *délla sénapé*
pain	**del pane** *dél pâné*
poivre	**del pepe** *dél pépé*
sel	**del sale** *dél sâlé*
sucre	**dello zucchero**
	déllo dzoukéro
vinaigrette	**del pinzimonio** *dél pindzimônio*

Questions d'ordre général
Richieste generali

Pourriez-vous m'apporter un/une … (propre) s.v.p.?
Può portarmi … (pulito), per piacere? *pouo portarmi … (poulito) pér piatchééré*

assiette/cuillère/petite cuillère
un piatto/un cucchiaio/un cucchiaino *oun piatto/oun coukiaio/oun coukiaîno*

cendrier
un portacenere *oun portachénéré*

fourchette/couteau
una forchetta/un coltello *ouna forkétta/oun coltéllo*

serviette
un tovagliolo *oun tovalyolo*

tasse/verre
una tazza/un bicchiere *ouna tatsa/oun bikiééré*

Je voudrais un peu plus de … s.v.p.
Vorrei ancora un pò di …, per piacere. *vorréi anncôra oun po di … pér piatchééré*

Plus rien, merci.
Nient'altro, grazie. *niéntaltro grâtsié*

Où sont les toilettes?
Dove sono le tolette? *dôvé sôno lé tolétté*

Régimes spéciaux Richieste particolari

Je ne dois pas manger de plats contenant du …
Non devo mangiare piatti che contengono … *non déévo mandjâré piatti ké connténgono*

sel/sucre
sale/zucchero *sâlé/tsoukéro*

Avez-vous des repas/boissons pour diabétiques?
Ha piatti/bevande per diabetici? *a piatti/bévanndé pér diabétitchi*

Avez-vous des repas végétariens?
Ha piatti vegetariani? *a piatti védjétariâni*

Pour les enfants Per i bambini

Faites-vous des portions enfants?
Fate porzioni per bambini? *faté portsiôni pér bammbîni*

Pourrions-nous avoir une chaise haute (pour le bébé) s.v.p.?
Può portare una seggiola per bambini, per piacere? *pouo portâré ouna sédjola pér bammbîni pér piatchééré*

ENFANTS ➤ 113

Restauration rapide / Café
Bar/tavola calda

Les bars et cafés jouent un rôle important dans la vie italienne; on les trouve à presque chaque coin de rue. Ils constituent un lieu idéal pour qui souhaite rencontrer d'autres personnes, se reposer, rédiger des cartes postales, étudier une carte ou simplement contempler les passants, en sirotant un cappuccino ou une bière. Le personnel des bars est d'ordinaire sympathique et constitue une mine d'informations locales.

Boissons… Qualcosa da bere

Je voudrais un/une/du …	**Vorrei** … _vorréi_
bière	**una birra** _ouna birra_
café	**un caffè/un espresso** _oun caffé/oun ésprésso_
thé	**un tè** _oun té_
vin rouge/blanc	**del vino rosso/bianco** _dél vino rosso/biannco_

Et nourriture … E da mangiare …

Un morceau/une tranche de …, s.v.p.	**Un pezzo/una fetta di …, per piacere** _oun pétso/ouna fétta di … pér piatchééré_
J'en voudrais deux.	**Vorrei due di quelli(e).** _vorréi doué di couélli (é)_
un hamburger/des frites	**un hamburger/delle patatine fritte** _oun hamburger/déllé patatiné fritté_
un gâteau/un sandwich	**una torta/un panino** _ouna torta/oun pannîno_

un gelato _oun djélâto_
Glace; parmi les parfums, citons: **alla vaniglia** ou **alla crema** (vanille), **al cioccolato** (chocolat), **alla fragola** (fraise), **al limone** (citron), **misto** (panachée).

un panino imbottito _oun pannîno immbottito_
Sandwich; vous pouvez demander que le vôtre soit: **al formaggio** (fromage), **al prosciutto cotto** (jambon), **al prosciutto crudo** (jambon de Parme) ou **al salame** (saucisson).

Une … portion, s.v.p.	**Una porzione …, per piacere.** _ouna portsiôné … pér piatchééré_
petite	**piccola** _piccola_
moyenne	**regolare** _régolâré_
grosse	**grande** _granndé_

> – *Cosa prende? (Vous désirez?)*
> – Due caffé, per piacere. (Deux cafés, s.v.p.)
> – Espresso o con latte?
> (Express ou au lait?)
> Con latte, per piacere. (Au lait, s.v.p.)
> – *Nient'altro? (Et avec ça?)*
> – No, nient'altro, grazie. (C'est tout, merci.)

Réclamations Reclami

Je n'ai pas de couteau/ fourchette/cuillère.	**Non ho il coltello/la forchetta/il cucchiaio.** *nonn o il coltéllo/la forkétta/il coukiâio*
Il doit y avoir une erreur.	**Deve esserci un errore.** *dévé éssértchi oun érrôré*
Ce n'est pas ce que j'ai commandé.	**Non ho ordinato questo.** *nonn o ordinnâto couésto*
J'ai commandé …	**Ho ordinato …** *o ordinnâto*
J'ai demandé …	**Ho chiesto …** *o kiésto …*
Je ne peux pas manger cela.	**Non posso mangiare questo.** *nonn posso mandjâré couésto*
La viande est …	**La carne è …** *la carné é*
trop cuite	**troppo cotta** *troppo cotta*
pas assez cuite	**non abbastanza cotta** *nonn abbastanntsa cotta*
trop dure	**troppo dura** *troppo doûra*
C'est trop …	**Questo è troppo …** *couésto é troppo*
amer/acide	**amaro/acido** *ammâro/atchido*
Ce plat est froid.	**Questo piatto è freddo.** *couésto piâtto é fréddo*
Ça n'est pas frais.	**Questo non è fresco.** *couésto non é frésco*
Il y en a encore pour combien de temps?	**Quanto dobbiamo aspettare ancora?** *couannto dobbiâmo aspéttâré anncôra*
Nous ne pouvons plus attendre. Nous partons.	**Non possiamo più aspettare. Andiamo via.** *non possiâmo piou aspéttâré anndiâmo via*
Ce n'est pas propre.	**Questo non é pulito.** *couésto nonn é poulíto*
Je voudrais parler au maître d'hôtel/au patron.	**Vorrei parlare con il capocameriere/il direttore.** *Vorréi parlâré conn il capocammériééré/il diréttôré*

Paiement Pagare

Le service (**il servizio**) est généralement inclus dans les notes de restaurants, mais s'il s'est avéré particulièrement satisfaisant, un pourboire supplémentaire (**la mancia**) est approprié et apprécié: 5–10 %. Les éléments suivants sont parfois ajoutés à votre note: **coperto** (frais pour le couvert), **supplemento** (pour les suppléments).

Je voudrais payer.	**Vorrei pagare.** *vorréi pagâré*
L'addition, s.v.p.	**Il conto, per piacere.** *il connto pér piatchééré*
Nous voudrions payer séparément.	**Vorremmo pagare separatamente.** *vorrémmo pagâré séparatamménté*
Tous les repas ensemble, s.v.p.	**Un conto unico, per piacere.** *oun connto ounico pér piatchééré*
Je crois qu'il y a une erreur sur cette addition.	**Penso che ci sia un errore in questo conto.** *pénso ké tchi sia oun érrôré in couésto connto*
Que représente ce montant?	**Per cosa è questa cifra?** *pér côsa é couésta tchifra*
Je n'ai pas commandé ça. J'ai pris …	**Non ho ordinato questo. Ho preso …** *nonn o ordinnâto couésto. o préézo*
Le service est-il compris?	**È compreso il servizio?** *é commpréézo il sérvitsio*
Je voudrais payer avec cette carte de crédit.	**Vorrei pagare con questa carta di credito.** *vorréi pagâré conn couésta carta di crédito*
J'ai oublié mon porte-feuille.	**Ho dimenticato il portafoglio.** *o dimménticâto il portafolyo*
Je n'ai pas assez d'argent.	**Non ho abbastanza contanti.** *nonn o abbastanntsa conntannti*
Puis-je avoir un reçu pour la TVA?	**Vorrei una Ricevuta Fiscale.** *vorréi ouna richévouta fiscâlé*

– Cameriere! Il conto, per piacere.
(Garçon! L'addition, s.v.p.)
– Certamente. Ecco a Lei. (Bien sûr. Voilà.)
– È compreso il servizio? (Le service est-il compris?)
– Sì. (Oui.)
– Vorrei pagare con questa carta di credito.
(Je voudrais payer avec cette carte de crédit.)
– Naturalmente. (Bien sûr.)

Plats Piatti
Petit déjeuner Prima colazione

Je voudrais un/du/de la/des …	**Desidero …** *dézîdéro*
beurre	**del burro** *dél burro*
confiture	**della marmellata** *délla marméllâta*
jus de fruit	**un succo di frutta** *oun souco di froutta*
lait	**del latte** *dél latté*
miel	**del miele** *dél miéélé*
œufs	**delle uova** *déllé ouộva*
œufs au plat/brouillés	**delle uova fritte/strapazzate** *déllé ouộva fritté/strapatsâté*
pain	**del pane** *dél pâné*
pamplemousse/orange	**un pompelmo/un'arancia** *oun pommpélmo/oun aranntchia*
petits pains	**dei panini** *déi pannîni*
pain grillé	**del pane tostato** *dél pâné tostato*

Hors-d'œuvre Antipasti

anchois	**acciughe** *atchoûghé*
assiette anglaise	**antipasto assortito** *anntipasto assortito*
cœurs d'artichaut à l'huile d'olive	**carciofini sottolio** *cartchofini sottolyo*
confits de légumes	**sottaceti** *sottatchéti*
jambon de Parme	**prosciutto crudo di Parma** *prochoutto croûdo di parma*
mortadelle	**mortadella** *mortadélla*
porc roulé	**coppa** *coppa*

bagna cauda *bagna caouda*
Légumes crus que l'on trempe dans une sauce chaude composée d'anchois, d'ail, d'huile, de beurre et parfois de truffes (nord de l'Italie)

Pizza Pizza

La **pizza** (au pluriel **pizze**) est l'une des exportations culinaires les
plus célèbres d'Italie. La variété de garnitures est infinie. Les
ingrédients du **calzone** sont à la base identiques à ceux de la pizza,
mais la pâte forme un sandwich fermé, renfermant la garniture.

ai funghi	*ai foungghi*	aux champignons
capricciosa	*capritchiôsa*	spécialité du chef
siciliana	*sitchiliâna*	aux olives noires, câpres et fromage

margherita *marghérita*
portant le nom de la première reine d'Italie, les ingrédients de la pizza,
en l'occurrence la tomate, le fromage et le basilic, reflètent les couleurs
nationales

napoletana *napolétâna*
pizza classique garnie d'anchois, de jambon, de câpres, de tomates, de
fromage et d'origan

quattro formaggi *couattro formâdji*
pizza composée de quatre fromages différents, dont généralement du
gorgonzola et du **caciotta**

quattro stagioni *couattro stadjôni*
«quatre saisons», comprenant une variété de légumes: tomates, artichauts,
champignons, olives; plus fromage, jambon et bacon

Potages, soupes Minestre, zuppe

Un repas italien comprend toujours une **pastasciutta** (pâtes) ou un potage;
certains suffisent comme plat principal

brodo di manzo	*brodo di manndzo*	bouillon de viande
busecca	*bouzéca*	potage épais aux tripes, légumes et haricots
cacciucco	*catchiouco*	ragoût épicé aux fruits de mer
crema di legumi	*crééma di légoûmi*	potage crème de légumes
minestrone	*minnéstrôné*	potage de légumes (parfois avec nouilles) saupoudré de parmesan
passato di verdura	*passâto di vérdoûra*	potage de purée de légumes, généralement accompagné de croûtons
zuppa alla pavese	*tsouppa alla pavéézé*	consommé avec œuf poché, croûtons et fromage râpé
zuppa di vongole	*tsouppa di vonnggolé*	potages aux palourdes et au vin blanc

Pâtes Pasta

Les pâtes (ou **pastasciutta**) constituent le principal plat italien traditionnel. Outre les célèbres **spaghetti**, les pâtes existent dans une variété ahurissante de tailles et formes – **penne** (penne), **tagliatelle** (nouilles plates), mais également:

cannelloni *cannél*o*ni*
pâte tubulaire farcie de viande, de fromage et de légumes, nappée d'une sauce béchamel et cuite au four

cappelletti *capél*é*tti*
petit ravioli farci de viande, fines herbes, jambon, fromage et œufs

fettuccine *fétout*ch*îné*
nouilles étroites et plates

lasagne *lazag*n*é*
fines couches de pâte blanche ou verte (**lasagne verdi**), disposées en alternance avec une sauce tomate et de la chair à saucisse, une sauce béchamel et du fromage râpé; le tout cuit au four

tortellini *tortél*l*îni*
pâte en forme d'anneaux, farcis de viande hachée assaisonnée, et servis dans un bouillon ou une sauce

Poissons et fruits de mer Pesci e frutti di mare

acciughe	*atchi*oû*gé*	anchois
anguilla	*angg*ou*illa*	anguille
bianchetti	*biann*k*étti*	blanchaille
gamberi	*gamm*b*éri*	crevettes
granchi	*grann*k*i*	crabe
merluzzo	*mérl*ou*ttso*	morue
orata	*or*â*ta*	genre de dorade
polpo	*polp*o	poulpe
sogliola	*sol*y*ola*	sole

Spécialités au poisson Specialità di pesce

anguilla alla veneziana *angg*ou*illa* a*lla vénétsi*a*na*
anguille cuite dans une sauce au thon et au citron

fritto misto *fri*t*to* m*isto*
friture de petits poissons et fruits de mer

lumache alla milanese *louma*k*é* a*lla milan*né*é*sé
escargots avec anchois, fenouil et sauce au vin

stoccafisso *stocca*f*isso*
morue séchée, accompagnée de tomates, d'olives et d'artichauts

Viande Carne

Parmi les petits plats de volaille gastronomiques appréciés en Italie, citons l'alouette (**allodola**), la grive (**tordo**) et l'ortolan (**ortolano**). Ils sont d'ordinaire grillés ou rôtis.

Vorrei ...	vorréi	Je voudrais du/de l'/des ...
dell'agnello	_déllagnéllo_	agneau
del manzo	_dél manndzo_	bœuf
dell'anatra	_déllannatra_	canard
del prosciutto	_dél prochoutto_	jambon
della pancetta	_délla panntchétta_	lard/ventrèche
dell'oca	_délloca_	oie
del maiale	_dél maialé_	porc
del pollo	_dél pollo_	poulet
della salsicce	_délla salsitché_	saucisse
della bistecca	_délla bistécca_	steak
del vitello	_dél vitéllo_	veau

Plats de viande Piatti di carne

bistecca alla fiorentina _bistécca alla fioréntina_
bifteck grillé assaisonné au poivre, jus de citron et persil

cima alla genovese _tchima alla djénovéésé_
tranche de veau enroulée, farcie aux œufs, à la chair à saucisse et aux champignons

costoletta alla milanese _costolétta alla milannéésé_
côtelette de veau panée, parfumée au fromage

fegato alla veneziana _fégato alla vénétsiana_
fines tranches de foie de veau frites dans des oignons

filetto al pepe verde _filétto al pépé vérdé_
filet de bifteck dans une sauce au poivre vert

galletto amburghese _gallétto ammbourghéésé_
jeune poulet tendre, rôti au four

involtini _involtini_
fines tranches de viande enroulées et farcies

polenta e coniglio _polénta é conilyo_
ragoût de lapin accompagné de polenta

pollo alla romana _pollo alla româna_
dés de poulet avec sauce tomate et piments doux

saltimbocca alla romana _saltimboca alla româna_
escalope de veau braisée dans du Marsala, et accompagnée de jambon et de sauge

Légumes/Salades Verdure/Insalate

Vous reconnaîtrez: **asparagi**, **broccoli**, **carote**, **patate**.

verdura mista	_vér__dou__ra _mi__sta_	assortiment de légumes
funghi	_foung__ghi_	champignons
cavolo	_cavolo_	chou
lattuga	_lattoûga_	laitue
radicchio	_radikio_	laitue rouge amère et blanche
cipolle	_tchipollé_	oignons
insalata mista	_insalâta _mista_	salade composée
piselli	_pisélli_	pois
pomodoro	_pommodôro_	tomate

carciofi alla giudea _cartchofi alla djoudéa_
délicieux artichauts croustillants, cuits en grande friture, à l'origine une spécialité du vieux quartier juif situé au cœur de Rome

carciofi alla romana _cartchofi alla româna_
artichauts entiers légèrement cuits, farcis d'ail, de sel, d'huile d'olive, de menthe sauvage (**mentuccia**) et de persil

fagioli alla toscana _fadjoli alla toscâna_
haricots à la toscane, mijotés pendant plusieurs heures et assaisonnés de sel, de poivre noir et huile d'olive brute

fagioli in umido _fadjoli in oumido_
différentes sortes de haricots cuits dans une sauce tomate épicée

funghi porcini arrosti _foungghi portchîni arrosti_
bolets rôtis ou grillés dans de l'ail, du persil et des piments

peperoni ripieni _pépéroni ripiéni_
poivrons farcis (contenant généralement de la viande hachée); les courgettes sont également préparées de cette manière (**zucchini ripieni**)

Sauces Salse

Les cuisiniers italiens sont maîtres dans l'art de la préparation de sauces rendant les spaghetti et macaroni aussi délicieux.

al burro	_al bourro_	beurre, parmesan râpé
bolognese	_bolognéézé_	tomates, viande hachée, oignons, fines herbes
carbonara	_carbonnâra_	jambon fumé, fromage, œufs, huile d'olive
pesto	_pésto_	feuilles de basilic, ail, fromage
pommorola	_pommorôla_	tomates, ail, basilic

Fromage Formaggio

	Bel Paese	fromage lissé à saveur délicate
	caciotta	fromage ferme, généralement doux; dont certaines variétés sont plus piquantes
	caciocavallo	fromage ferme, légèrement sucré, à base de lait de vache ou de brebis
gorgonzola		le plus célèbre des fromages persillés italiens, riche, à saveur piquante
grana		fromage veiné similaire au parmesan, originaire de Padoue, habituellement râpé sur des plats de pâtes
mascarpone		fromage épais, crémeux et entier, essentiellement consommé en dessert; similaire à une crème grumeleuse
mozzarella		fromage lissé, non mûri, à saveur très douce, légèrement sucrée, fabriqué à partir de lait de buffle dans le sud de l'Italie, et de lait de vache dans les autres régions
parmigiano (-reggiano)		parmesan (également appelé **grana**), fromage dur généralement râpé, utilisé, pour les plats chauds et les pâtes mais également mangé seul
pecorino		fromage dur à saveur prononcée, fabriqué à base de lait de brebis, souvent râpé sur certains plats de pâtes, tels que les **Pasta all'amatriciana** et les **Trippa alla romana**
provolone		fromage ferme et savoureux
ricotta		fromage doux fabriqué à base de lait de vache ou de brebis

Fruit Frutta

Vous reconnaîtrez: **banana, datteri, limone, melone, pera.**

ciliege	*chiliédjé*	cerises
lamponi	*lammponi*	framboises
fragole	*fragolé*	fraises
arancia	*aranntcha*	orange
anguria	*angouria*	pastèque (nord de l'Italie)
cocomero	*cocomméro*	pastèque (Rome et sud de l'Italie)
pesca	*pésca*	pêche
prugna	*prougna*	prune
uva	*ouva*	raisins
bianca/nera	*biannca/néra*	blanche/noire

Dessert Dolce

cassata siciliana *cassata sitchiliâna*

mousseline, garnie de fromage doux à la crème, de chocolat et de fruits confits

tiramisù *tirammisou*

mascarpone, œufs, boudoirs, café et Marsala

Boissons Bevande

Apéritifs Aperitivi

Souvent doux-amers, certains apéritifs sont préparés à base
de vin et de cognac aux fines herbes et à l'amer, tandis que
d'autres peuvent avoir une base végétale.

Americano *américâno:* vermouth accompagné d'amer; de cognac et d'un
zeste de citron

Aperol *apérol:* amer non alcoolisé

bitter analcolico *bitér analcolico:* apéritif non alcoolisé

Campari *campâri:* amer rougeâtre – brun accompagné d'un zeste d'orange
et de fines herbes

Campari soda *campâri sôda:* Campari dilué dans du soda

Cynar *tchinar:* préparation à base d'artichauts

Gingerino *djinnjérîno:* apéritif parfumé au gingembre

Bière Birra

Avez-vous de la bière …?   **Avete della birra …?** *avéété délla birra*
en bouteille/à la pression   **in bottiglia/alla spina**
                                    in bottilya/alla spîna

Vins Vini

L'Italie est l'un des premiers producteurs européens de vins. On y trouve
des vignobles situés partout dans la péninsule et les îles italiennes. Certains
des meilleurs vins du pays sont issus de la région nord-ouest de l'Italie
(comme le **Barbaresco**, le **Barbera** et le **Barolo**). Le vin italien le plus célèbre à
l'étranger est le **Chianti**, en particulier le **classico** et le **riserva** (qualité
supérieure), le meilleur **Chianti** étant produit entre Florence et Sienne.

Les restaurants plus sophistiqués proposent des cartes de vin, tandis que
d'autres présentent une liste dans un coin du menu ou l'affichent sur un
mur. Plusieurs vins en bouteille de bonne qualité et originaires de diverses
régions sont aujourd'hui facilement disponibles dans toute l'Italie, aussi bien
dans les restaurants que chez les détaillants spécialisés en vins (**enoteche**).

Ne vous attendez pas à ce qu'une trattoria propose davantage que quelques
vins. Dans les débits plus modestes, vous trouverez peut-être du **vino sfuso**
(vin en vrac, généralement présenté comme vin de la maison) moyennant un
prix modéré, et servi dans des carafes d'un quart de litre, d'un demi-litre ou
d'un litre.

J'aimerais une bouteille de   **Vorrei una bottiglia di vino bianco/**
vin blanc/rouge.   **rosso.** *vorréi ouna bottilya di*
                                     vîno biannco/rosso

J'aimerais du vin de la   **Desidero il vino della casa, per favore.**
maison, s.v.p.   *dézîdéro il vîno délla câza pér favôré*

Il n'existe pas d'étiquetage standard pour les vins italiens, qui peuvent être nommés selon leur origine (par exemple **Chianti**, **Orvieto**, **Frascati**, **Asti**), le terme descriptif (par exemple **classico**, **dolce**, **liquoroso**, **riserva**, **superiore**), le type de raisin (par exemple **Barera**, **Dolcetto**, **Moscato**, **Pinot nero**), le nom du propriétaire ou encore une combinaison de ces éléments. Toutefois, le tableau ci-dessous vous aidera à comprendre certains termes importants.

Lecture de l'étiquette

abboccato demi-sec	**DOCG** vin de qualité supérieure répondant aux normes les plus strictes (13 vins)
imbottigliato dal produttore all'origine mis en bouteille par le producteur au domaine	
amabile moelleux	**rosso** rouge
leggero léger	**dolce** doux
bianco blanc	**secco** sec
pieno charnu	**IGT** qualité supérieure au «**vino tipico**»
DOC garanti d'origine (240 régions)	**spumante** mousseux
rosato/rosatello rosé	**vino del paese** vin de pays

Type de vin	Exemples
vin blanc doux	**Aleatico, Vino Santo** (Toscane); **Marsala** et **Malvasia** (Sicile), **Moscato, Passito di Pantelleria**
vin blanc sec	**Frascati** (Latium), **Verdicchio dei Castelli di Jesi** (Marches d'Adriatique), **Orvieto** (Ombrie), **Vermentino** (Sardaigne), **Corvo bianco, Colombo Platino** (Sicile), **Cortese di Gavi** (Ligurie), **Gavi dei Gavi** (Piémont), **Chardonnay, Pino bianco, Pino grigio** (Frioul); les vins blancs de pays sont repris dans cette catégorie
rosé	**Lagrein** (Haut-Adige de Trentin)
vin rouge léger	**Bardolino, Valpolicella** (Lac de Garde); **Vino Novello** (en automne, essentiellement en provenance de Toscane); les vins rouges de pays, dont le Merlot Italo-Suisse, entrent généralement dans cette catégorie.
vin rouge charnu	**Barolo, Barbera, Barbaresco, Dolcetto, Gattinara, Nebbiolo** (Piémont); **Amarone** (Vénétie); **Brunello di Montalcino** (l'un des vins les plus célèbres d'Italie), **Chianti Classico, Vino Nobile di Montepulciano** (Toscane); **Corvo Rosso** (Sicile).
vin blanc doux mousseux	**Asti Spumante**
vin blanc sec mousseux	**Prosecco, Ferrari Brut Spumante; metoda champenoise** en général
vin rouge doux	**Braghetto d'Acqui** (Piémont); **Fragolino** (fabriqué à base mousseux de «**uva fragola**», à saveur de fraise, région de Vénétie)

Autres boissons Altre bevande

Vous désirerez certainement profiter de l'occasion de siroter un petit digestif. Si vous souhaitez une boisson proche du cognac, essayez le **Vecchia Romagna etichetta nera** ou le **Carpene Malvolta Stravecchio.**

Si vous avez envie d'un digestif (**un digestivo**) pourquoi ne pas essayer:

amaro *amâ<u>ro</u>*

Amer; parmi les trois plus populaires: **Amaro Averna, Amaro Lucano** ou **Amaro Montenegro** (doux amer) ou un verre de **Fernet-Branca** (très amer) devrait faire l'affaire.

liquore *lico<u>uo</u>ré*

Parmi les liqueurs populaires, citons: **Strega** (aux fines herbes), **Sambuca** (à l'anis), **Amaretto** (aux amandes), **Millefiore** (aux fines herbes et fleurs des Alpes), **Silvestro** (aux fines herbes et noix).

Vous reconnaîtrez: **un brandy, un cognac, un gin e tonico, un porto, un rum, una vodka.**

Boissons sans alcool Bevande analcoliche

Je voudrais …	**Vorrei …** *vor<u>ré</u>i*
un chocolat (chaud)	**una cioccolata calda** <u>ou</u>na tchocol<u>â</u>ta <u>ca</u>lda
une limonade	**una limonata** <u>ou</u>na limon<u>â</u>ta
un frappé	**un frullato di latte** oun froull<u>a</u>to di l<u>a</u>tté
de l'eau minérale	**dell'acqua minerale** d<u>é</u>llacoua minnér<u>â</u>lé
gazeuse/plate	**gassata/naturale** *g<u>a</u>ssata/natou<u>râ</u>lé*
un Schweppes	**dell'acqua tonica** *d<u>é</u>llacoua <u>to</u>nnica*

un caffè *oun caffè*

Les amateurs de café seront comblés en Italie; goûtez un (**café**) **espresso**, fort et foncé, à l'arôme riche, servi dans des demi-tasses, ou **un ristretto** (express concentré); alternativement, demandez **un caffé lungo** (café moins fort), qui peut être **con panna** (à la crème) ou **con latte** (au lait).

Le **cappuccino** (café au lait chaud, saupoudré de cacao) est également un must; tandis que le **caffé freddo** (café glacé) est apprécié en été.

un succo di frutta *oun <u>sou</u>co di <u>frou</u>tta*

Parmi les jus de fruits communs, citons: **un succo di limone** (citron), **di pompelmo** (pamplemousse), **di pomodoro** (tomate) et **d'arancia** (orange); si vous désirez un jus de fruit fraîchement pressé, demandez **una spremuta.**

Glossaire italien de l'alimentation

La cuisine italienne est essentiellement régionale. Bien que de nombreux plats célèbres soient communs à toute l'Italie, la terminologie peut varier d'un lieu à l'autre. (On dénombre ainsi au moins une demi-douzaine de noms désignant le poulpe ou le calmar!)

Méthode de cuisson

affumicato(-a)	*affoumicato(-a)*	fumé
al forno	*al forno*	au four
al vapore	*al vaporé*	à la vapeur
alla griglia	*alla grilya*	grillé
arrosto(-a)	*arrosto(-a)*	rôti
bollito(-a)	*bollito(-a)*	bouilli
fritto(-a)	*fritto(-a)*	frit
impanato(-a)	*immpannato(-a)*	pané
in camicia	*inn cammitchia*	poché
in purè	*inn pouré*	en purée
in umido	*inn oumido*	en ragoût
marinato(-a)	*marinnato(-a)*	mariné
piccannte	*picannté*	épicé
ripieno(-a)	*ripiéno(-a)*	farci
saltato(-a)	*saltato(-a)*	sauté
spezzato(-a)/	*spétsato(-a)/*	en ragoût
stufato(-a)	*stoufato(-a)*	braisé
tagliato(-a) a cubetti	*talyato(-a) a coubétti*	en dés

a puntino	*a pountino*	à point
al sangue	*al sanngoué*	saignant
ben cotto(-a)	*bén cotto (a)*	bien cuit
quasi crudo(-a)	*couasi croudo(-a)*	très saignant

A **a puntino** à point
a scelta au choix
abbacchio agneau rôti; **~ al forno con patate** au four avec pommes de terre; **~ alla cacciatora** «à la chasseur»: en dés et cuit avec du vin blanc, de l'ail, du romarin, une pâte d'anchois et des piments forts

abbacchio alla scottadita côtelettes tendres d'agneau grillé
(all')abruzzese mode Abruzzes; avec des poivrons rouges et parfois du jambon
acciughe anchois
aceto vinaigre
acetosella oseille

acqua eau ~ **calda** eau chaude; ~ **minerale** eau minérale; ~ **tonica soda** soda

acquacotta potage au pain et aux légumes, parfois aux œufs et au fromage

affettati tranches de charcuterie; ~ **misti** mixte

affogato poché

affumicato fumé

aglio ail; ~ **olio, peperoncino** sauce à l'ail, huile d'olive, piments doux, anchois et parmesan

agnello agneau; ~ **abbacchio** agneau de lait

agnolotti sorte de ravioli farcies de viande

(all')agro vinaigrette à base de jus de citron et d'huile

agrodolce vinaigrette aigre-douce à base de sucre caramélisé, de vinaigre et de farine

aguglie orphie

ai ferri grillé

ai funghi (pizza) aux champignons

ai funghi porcini sauce à base de bolets

al burro au beurre et au parmesan râpé

al forno au four

al sangue saignant

al sugo avec sauce tomate et parmesan râpé

al tartufo sauce à base de truffe râpée

al, all', alla à la

ala aile

albicocca abricot

alfredo sauce à la crème

alice anchois

alici al limone anchois cuits au jus de citron

all'Amatriciana avec **pancetta**, tomates et piment fort

alla boscaiola avec aubergines, champignons et sauce tomate

alla carrettiera avec piments forts et porc

alla graticola au barbecue

alla griglia grillé

alla milanese avec moelle, vin blanc, safran et parmesan (risotto)

alla Norma avec épices et sauce tomate (Sicile)

alla pescatora avec tomates et fruits de mer

alla rustica avec ail, anchois et origan

alla spina à la pression (bière)

alle vongole sauce à base de palourdes, d'ail, de persil, de poivre, d'huile d'olive, parfois de tomates

allo spiedo grillé; cuit à la broche

allodola alouette

alloro feuille de laurier

amaro digestif ➤ 51

amatriciana sauce tomate, poivrons rouges, bacon, oignons, ail et vin blanc (Latium)

Americano type de vermouth ➤ 49

ananas ananas

anatra canard

anelli pâtes aux œufs en forme de petits anneaux

anguilla anguille; ~ **alla veneziana** cuite dans une sauce à base de thon et de citron

anguria pastèque (nord de l'Italie)

animelle di vitello ris de veau frit dans du beurre et du marsala

anitra canard; ~ **selvatica** canard sauvage

annegati tranches de viande dans du vin blanc ou du marsala

antipasti entrées, hors-d'oeuvres ➤ 43; **~ a scelta** au choix; **~ assortiti** assortis; **~ di mare** fruits de mer

aperitivi apéritifs ➤ 49

Aperol amer non alcoolisé

arachidi cacahuètes

aragosta homard

arancia orange

aranciata orangeade

arancini en-cas au riz, spécialités italiennes très populaires et savoureuses

aringa hareng

arista filet de porc; **~ alla fiorentina** rôti à l'ail, aux clous de girofle et au romarin

arrosto rôti

asparagi asperges; **~ alla Fiorentina** avec œufs sur le plat et fromage

assortito assortis

astice homard

attesa: 15 minuti attente: 15 minutes

B **baccalà** cabillaud séché et salé; **~ alla romana** cuit dans une sauce tomate à l'ail et au persil; **~ alla vicentina** cuit dans du lait

bagna cauda légumes crus avec une sauce piquante (nord de l'Italie)

barbabietola betterave

basilico basilic

bavette petites nouilles

beccaccia bécasse

beccaccino bécassine

Bel Paese fromage lissé à saveur délicate

ben cotto bien cuit

ben fritto cuit en grande friture

bevande boissons ➤ 49; **~ analcoliche** boissons sans alcool

bianchetti blanchaille

bianco (vin) blanc

bibita boisson sans alcool

bicchiere verre

bieta bette

bionda (bière) légère

birra bière; **~ rossa** (bière foncée)

biscotti biscuits

bistecca bifteck; **~ di cinghiale** sanglier dans une sauce aigre-douce; **~ alla fiorentina** grillé et parfumé au poivre, jus de citron et persil; **~ di filetto** haut de côte

bitter analcolico apéritif non alcoolisé

bollito bouilli

bollito misto saucisses accompagnées d'autres viandes bouillies

bologna saucisse légèrement fumée, onctueuse et légèrement pimentée, généralement à base de porc ou de bœuf, parfois de veau ou de poulet

bolognese sauce à base de tomates, viande hachée, oignons et fines herbes

bottiglia bouteille

braciola côtelette

branzino bar

brasato braisé

briciolata sauce à base d'huile d'olive, de poivre noir et de miettes de pain croustillantes

broccoli brocoli; **~ al burro e formaggio** au beurre et au fromage; **~ alla romana** sautés dans de l'huile d'olive et braisés dans du vin

brodo bouillon, potage

bruidda potage de poissons

bucatini spaghetti épais; **~ con le sarde alla Palermitana** de sardines fraîches

budino pouding; **~ di ricotta** soufflé à la ricotta et fruits confits

burrida ragoût de poissons composé de roussette et de raie (Sardaigne)

burro beurre; **~ e salvia** sauce au beurre et à la sauge

busecca potage épais aux tripes, légumes et haricots

C cacciagione gibier

cacciucco ragoût épicé de fruits de mer

cachi kaki

caciocavallo fromage ferme, légèrement sucré ➤ 48

caciotta fromage ferme, doux ➤ 48

caffè café ➤ 51

caffè freddo café glacé

calamaretti jeune calmar

calamari calmar

caldo chaud

camoscio chamois

canederli boulettes composées de pain, de jambon et de salami

cannariculi biscuits au miel frits

cannella cannelle

cannelloni pâtes tubulaires farcies accompagnées d'une sauce béchamel ➤ 45; **~ alla partenopea** avec de la ricotta, de la mozzarella et du jambon

cannoli ricotta sucrée fourrée dans des pâtes en forme de coquillages, cuits en grande friture

canoe di mele pâtes en forme de canoë, accompagnées de crème pâtissière au rhum et de pommes givrées

canoe salate canoës savoureux

capellini genre de spaghetti

caponata olives, aubergines et anchois (Sicile)

capone apparecchiate mahi mahi frit avec des tomates, des câpres, et des olives (Sicile)

cappelletti pâtes en forme de «petits chapeaux» ➤ 45; **~ di Romagna** fourrées de fromage

capperi câpres

cappone chapon

capretto chevreau; **~ ripieno al forno** farci aux fines herbes et rôti au four

capricciosa spécialité (pizza)

capriolo chevreuil mâle

carbonara sauce à base de jambon fumé, fromage, œufs et huile d'olive

carciofi artichauts; **~ alla giudea** cuits en grande friture ➤ 47; **~ alla romana** légèrement cuits et farcis

carciofini sottolio cœurs d'artichauts dans de l'huile d'olive

carne viande ➤ 46; **~ ai ferri** grillée

carota carotte; **~ rossa** betterave

carpa carpe

carrettiera sauce à base de thon, champignons, purée de tomates, poivre fraîchement moulu

cassata glace aux fruits confits (spumoni); **~ siciliana** mousseline garnie ➤ 48

castagna châtaigne

castagnaccio gâteau aux châtaignes avec raisins secs et pignons (Toscane)

caviale caviar

cavolfiore chou-fleur; **~ stracciato** bouilli et frit dans de l'huile d'olive et de l'ail

cavolini di Bruxelles choux de Bruxelles

cavolo chou

ceci pois chiches

cereali céréales

cervello cervelle

cervello fritto al buro nero cervelle au beurre noir **~ fritto alla fiorentina** cervelle marinée, panée, frite et servie avec des épinards

cervo chevreuil

cetriolini cornichons

cetriolo concombre

chiodi di garofano clous de girofle

cicoria endive

ciliege cerises

cima alla genovese veau enroulé farci d'œufs, de chair à saucisse et de champignons

cima genovese veau froid farci d'oignons, de fines herbes et de cervelle de veau

cinghiale sanglier

cioccolata (calda) chocolat (chaud)

cipolle oignons

cipollina ciboulette

clementino clémentine

cocomero pastèque (Rome, sud de l'Italie)

colazione petit déjeuner ➤ 43

con avec

con acqua (di seltz) avec eau (eau de Seltz ou soda)

con briciolata avec miettes de pain grillées

con funghi avec champignons

con ghiaccio avec glaçons

con il sugo di melanzane e peperoni avec jus d'aubergines et de poivrons

con latte au lait

con le lumache avec escargots

con limone avec citron

con panna avec crème

con polpettine avec minuscules boulettes de viande

con porchetta avec porc froid savoureux (sandwich)

con salsa di noci avec sauce aux noix

conchiglie pâtes en forme de conque

coniglio lapin; **~ ai capperi** cuit avec des câpres

contorno a scelta assortiment de légumes

coppa porc rouleé

cosciotto jambe

costata al prosciutto côte farcie

costola côtelette

costolette di maiale al finocchio côtes de porc braisées avec du vin blanc et des graines de fenouil

cotechino con lenticchie mélange de porc épicé de type saucisse avec des lentilles

cotogna coing

cotoletta côtelette; **~ alla milanese** côtelette de veau panée, parfumée au fromage

cotto cuit; **~ a vapore** cuit à la vapeur

cozze moules

crema flan; **~ di legumi** velouté de légumes **~ di pomodori** velouté de tomate

crespelle di farina dolce crêpes à la farine de châtaignes avec ricotta et rhum

crostacei crustacés

crostata tarte à la confiture; **~ di mele** tarte aux pommes; **~ di ricotta** gâteau au fromage avec raisins et marsala

crudo di Parma jambon salé originaire de Parme

cumino cumin

cuscus couscous

Cynar apéritif produit à base d'artichauts

D **d', di** de, avec

datteri dattes

decaffeinato décaféiné

dentice genre de dorade

digestivo digestif

ditali pâtes en dés

dolce gâteau; dessert ➤ 48; doux (fromage); doux (vin)

doppio double (double ration)

E **elicoidali** pâtes courtes de forme hélicoïdale

eperlano éperlan

F **fagiano** faisan; **~ al tartufo** farci de truffes

fagioli haricots; **~ all'uccelletto** cuits avec des tomates et des olives noires; **~ in umido** cuits dans une sauce tomate

fagioli alla toscana haricots à la toscane, mijotés durant des heures et garnis de sel, poivre noir et huile d'olive brute

fagiolini haricots verts

faraona pintade

farcito farci

farfalle pâtes en forme de papillon

farfallini petites pâtes aux œufs en forme d'arc

favata ragoût de haricots au porto (Sardaigne)

fave fèves

fazzoletti salati chaussons savoureux

fegato foie; **~ alla veneziana** fines tranches frites avec des oignons; **~ alla salvia** avec tomates, ail et sauge

fesa morceau rond de la culotte

fetta di pizza tranche de pizza

fettuccine lambeaux de pâtes aux œufs ➤ 45; **~ Alfredo** avec parmesan et crème

fico figue

filetto filet; **~ al pepe verde** filet de steck servi dans une sauce à la crème au poivre vert

finocchio fenouil

focaccia savoureux craquelin; **~ alla salvia** pain à la sauge ; **~ alla salsiccia** pain à la saucisse ; **~ alle noci** pain aux noix; **~ genovese** savoureux pain à la sauge et à l'huile d'olive

focaccia al Gorgonzola pain chaud à la levure recouvert de fromage

fonduta fondue de Fontina, jaunes d'œufs et truffes

formaggio fromage ➤ 48

fragole fraises

fragoline di bosco fraises sauvages

freddo froid

frittata omelette; **~ campagnola** aux oignons, fromage râpé, lait et crème; **~ primaverile** aux légumes

fritto frit

fritto misto friture de petits poissons et de fruits de mer variés

frullato di latte milk-shake

frustenga gâteau de farine de maïs aux fruits

frutta fruits ➤ 48

frutti di mare fruits de mer

funghi champignons; **~ alla parmigiani** farcis de chapelure, de Parmesan, d'ail, de fines herbes; **~ porcini arrosti** bolets rôtis ou grillés avec des piments

fusilli pâtes tordues

G **galletto amburghese** jeune poulet tendre, cuit à la broche

gallina poule au pôt

gallo cedrone gélinotte

gamberetti crevettes

gamberi crevettes

gassata gazeuse (eau)

gelato glace

gianduia pouding au chocolat chaud

gin e tonico gin tonic

gingerino apéritif parfumé au gingembre (également vendu en petites bouteilles)

gnocchi alla genovese boulettes à la sauce au pesto

gorgonzola fromage bleu ➤ 48

granchi crabes
granita sorbet ordinaire
griessklosser/gnocchi di patate boulettes de pommes de terre, servis traditionnellement le jeudi dans le nord du pays
gronghi congre

I i nostri piatti di carne sono serviti con contorno nos plats de viande sont accompagnés de légumes
in bianco sans sauce tomate
in bottiglia en bouteille (bière)
in casseruola en casserole
in umido en ragoût
indivia endive
insalata salade
insalata di frutti di mare crevettes et calmars au citron, légumes macérés dans du vinaigre et olives
insalata di pollo salade de poulet avec salade verte, citron et crème
insalata mista salade composée
insalata russa macédoine de légumes
involtini fines tranches de viande (bœuf, veau ou porc) enroulées et farcies

L lamponi framboises
lamprede lamproies
lasagne fines couches de pâte alternant avec de la viande et une sauce tomate ➤ 45; ~ **al forno** avec Bel Paese et mozzarella; ~ **con anitra** avec canard; ~ **con le verdure** lasagne aux légumes
lasagnette del lucchese lasagne avec sauce aux épinards, ricotta, foies de volaille
lattaiolo flan à la cannelle
latte lait

lattuga laitue
lauro laurier
leggero léger (vin)
lenticchie lentilles
lepre lièvre; ~ **in agrodolce** avec pignons, raisins secs et chocolat; ~ **à la piemontese**, cuit dans un vin de Barbera, saupoudré de fines herbes et de chocolat amer
lesso bouilli
limonata limonade
limone citron
lingua langue
linguine genre de spaghetti épais
liquore liqueur ➤ 51
liscio pur (sec)
lombata/lombo longe/râble/selle
lombata di maiale al forno longe de porc rôtie à l'ail
lombata di maiale al prosciutto longe de porc grillée avec du jambon
luccio brochet
luganeghe saucisses de porc fraîches, vendues à la longueur
lumache escargots; pâtes en forme de coquilles d'escargots
lumache alla milanese escargots aux anchois, fenouil accompagnés d'une sauce au vin
lumache di mare limaces de mer
lunette pâtes fourrées en forme de demi-lunes

 M maccheroni alla chitarra pâtes faites maison, découpées en bandelettes
macchiato au lait
maggiorana marjolaine
maiale porc
malfade pâtes en fines bandelettes
mandarino mandarine
mandorle amandes
manzo bœuf

margherita pizza aux tomates, fromage et basilic ➤ 44

marinara sauce tomate, olives, ail, palourdes et moules

marinato mariné

marmellata confiture; **~ d'arance** confiture d'orange

Martini marque de vermouth, doux ou sec; à ne pas confondre avec un cocktail au **martini**

mascarpone fromage crémeux épais, entier essentiellement utilisé pour les desserts, similaire à une crème épaisse

medaglioni filet arrondi

mela pomme

melanzane aubergine

mele pommes

melone melon

menta menthe

menù a prezzo fisso menu à prix fixe

merlano merlan

merluzzo morue

metà pollo arrosto demi-poulet rôti

midollo moelle

miele miel

minestra potage ➤ 44; **~ di funghi** potage velouté de champignons; **~ di sedano e riso** céleri et riz; **~ in brodo** accompagné de nouilles ou de riz

minestrone potage épais de légumes (parfois avec des nouilles) saupoudré de parmesan

mirtilli myrtilles

misto mixte

molle mollet (œuf)

montone mouton

more mûres

mortadella mortadelle

mostaccioli biscuits au chocolat

mozzarella fromage mou, immature ➤ 48; **~ con pomodori** avec tomates

N **napoletana** anchois, jambon, tomates, fromage (garniture de pizza) ➤ 44

nasello lieu noir

naturale (eau) plate

nero noir (café)

nocciole noisettes

noce di cocco noix de coco

noce moscata noix de muscade

noci noix

nodini côtes de veau

O **oca** oie **odori** fines herbes, épices

olio (d'oliva) huile (d'olive)

olive olives

orata genre de dorade

orecchiette pâtes en forme d'oreilles

origano origan

ortolano ortolan

osso buco jarret de veau braisé

ostriche huîtres

P **palombacce allo spiedo** pigeon ramier, cuit à la broche

pancetta affumicata bacon

pan di Spagna gâteau au miel et au rhum

pandorato alla crema di formaggio pain frit avec du fromage à la crème

pandoro gros gâteau typique de Vérone, saupoudré de vanille en poudre

pane pain; **~ al latte** pain au lait: **~ all'olio** pain blanc à l'huile d'olive: **~ tostato** pain grillé **~ grissini e coperto L. ...** pain, grissins et couvert L ...

panettone pain de Noël, enrichi au beurre avec des fruits confits, raisins secs et raisins ordinaires

panforte similaire à du pangiallo

pangiallo gâteau aux noix assez dures et au miel

panini petits pains

panino imbottito sandwich

panna cotta délicieuse adaptation italienne de blanc-manger et brûlé à la crème

panpepato gâteau aux noix très épicé

pansotti con salsa di noci alla ligure triangles fourrés de légumes verts dans une sauce aux noix

pappardelle larges bandes de pâte aux œufs; **~ alla lepre** avec une sauce au lièvre

papriot potage épais d'épinards

parmigiana escalopes de veau panées, accompagnées d'une sauce tomate et de mozzarella

parmigiano (-reggiano) parmesan ➤ 48

passato di verdura potage de purée de légumes, généralement accompagné de croûtons

pasta pâtes, nouilles ➤ 45; **~ e ceci** avec pois chiches; **~ e fagioli** avec haricots

pasta Maddalena gâteau génois ordinaire

pastasciutta pâtes

pasticcini pâtisseries

pasticcio macaroni, sauce béchamel, viande et tomates

pastiera gâteau à la ricotta avec grains de blé

pastina petites pâtes; **~ in brodo** dans un bouillon

patate pommes de terre

patatine fritte frites

pecorino fromage ferme ➤ 48

penne penne

peperonata poivrons sautés avec des tomates et des oignons

peperoni poivrons; **~ ripieni** farcis ➤ 47

pera poire

pernice perdrix

pesca pêche

pescanoce nectarine

pesce all'acqua pazza poisson cuit dans de l'eau de mer

pesce persico perche

pesce spada espadon

pescespada espadon grillé farci de mozzarella, de cognac et de fines herbes

pesche pêches

pesci poissons ➤ 45; **~ al cartoccio** cuits au four dans une enveloppe de papier-sulfurisé; **~ in carpione** bouillis et cuits dans du vinaigre, servis froids avec du citron

pestingolo gâteau riche aux fruits, aux figues et au miel

pesto sauce aux feuilles de basilic, à l'ail, au fromage et parfois aux pignon (Ligurie) et à la marjolaine

pettine di mare coquille St. Jacques

piatti di carne plats de viande

piatti freddi plats froids

piatto del giorno plat du jour

piccante piquant (fromage)

piccata al marsala fine escalope de veau braisée dans une sauce au marsala

piccione pigeon

pieno charnu (vin)

pinoli pignons

piselli pois; **~ al prosciutto** lentement mijotés avec du jambon de Parme et du bacon

piviere pluvier

pizelle fines galettes en forme de cônes avec crème ou glace

pizza pizza ➤ 44

polenta polenta; **~ alla piemontese** disposée en couches avec de la viande; **~ e coniglio** avec un ragoût de lapin; **~ e uccelli** avec de petits oiseaux rôtis (nord de l'Italie)

pollame volaille

pollo poulet; **~ all'abruzzese** aux poivrons; **~ alla romana** en dés, accompagné d'une sauce tomate et poivrons; **~ alla diavola** poulet très épicé, grillé; **~ novello** poussin

polpette boulettes de viande

polpettone pain de viande de bœuf ou de veau assaisonné

polpo poulpe

pommarola sauce tomate, à l'ail et au basilic (Campanie)

pomodori tomates

pomodori e capperi salade de tomates aux câpres

pompelmo pamplemousse

porcellino da latte cochon de lait

porcetto arrosto cochon de lait cuit à la broche (Sardaigne)

porchetta cochon entier rôti avec fenouil et saucisses

porchetta porc cuit très épicé servi froid

porrata pancetta et poireaux dans une croûte de pâte de froment

porro poireaux

porto porto

prezzemolo persil

prima colazione petit déjeuner ➤ 43

primi piatti premier plat

prosciutto jambon

prosciutto crudo con melone/con fichi jambon de Parme accompagné de tranches de melon ou de figues

provolone fromage ferme ➤ 48

prugna prune

prugna secca pruneau

puttanesca sauce aux câpres, aux olives noires, au persil, à l'ail, à l'huile d'olive, et au poivre noir

Q quaglia caille

quattro formaggi assortiment de quatre fromages (garniture de pizza) ➤ 44

quattro stagioni légumes, fromage, jambon et bacon (garniture de pizza) ➤ 44

R radicchio sorte de laitue amère rouge et blanche

ragù sauce similaire à une bolognaise

ravanelli radis

ravioli alla piemontese ravioli farcis de bœuf et de légumes

razza raie

ribes groseilles rouges

ribes nero cassis

ricci oursin

ricciarelli biscuits délicats au miel et aux amandes (Toscane)

ricotta fromage à pâte molle à base de lait de vache ou de brebis

rigatoni pâtes en forme de tubes larges et courts; **~ alla pagliata** avec boudin de veau

risi e bisi riz avec pois et bacon

riso riz

riso con le seppie risotto aux seiches

riso in bianco riz bouilli avec du beurre et du parmesan râpé

risotto casserole de riz; **~ con fegatini** avec foies de volaille; **~ con gamberetti** avec des crevettes et du vin blanc

rognoncini trifolati rognons sautés avec du Marsala

rognoni rognons
rombo turbot
rosato rosé (vin)
rosbif rosbif
rosmarino romarin
rosso rouge (vin)
ruoti pâtes en forme de roues

S **salame** saucisson
salami saucisses épicées au bœuf ou au porc cru, souvent assaisonnées de poivre et d'ail
salciccia petite saucisse, mixture de porc façon campagnarde
sale sel
salmone saumon
salse sauces ➤ 47
salsicce saucisses
saltimbocca escalopes de veau avec jambon; **~ alla romana** braisées dans du vin de Marsala avec de la sauge
salumi charcuterie
salvia sauge
sardine sardines; **~ all'olio** à l'huile
sauersuppe potage acide aux tripes, mariné dans du vinaigre de vin blanc
scalogno échalote
scaloppina escalope de veau; **~ alla Valdostana** farcie de fromage et de jambon; **~ al Marsala** avec du vin de Marsala
scampi langoustines
sciule pieuno/pieno oignons farcis de macarons, de chapelure, de fromage, d'épices et de raisins secs
scorfano scorpion de mer, chabot
scura foncée (bière)
secco sec (vin)
secondo piatto deuxième plat (plat principal)
sedano céleri
selvaggina venaison

semi-freddo gâteau à la crème glacée
senape moutarde
seppia seiche
seppie con piselli jeune calmar et pois
sfogliatelle chaussons à la ricotta douce
sgombri in umido maquereaux cuits en ragoût dans du vin blanc et des pois verts
sgombro maquereau
siciliana aux olives noires, câpres et fromage (pizza)
sodo dur (œuf)
sogliola sole
sogliole alla mugnaia sole sautée dans le beurre, garnie de persil et de citron
solubile instantanné (café)
sottaceti légumes macérés dans du vinaigre
spaghetti all'amatriciana spaghetti avec une sauce tomate, bacon et pecorino
spalla épaule
specialità della casa spécialités de la maison
specialità di pesce spécialités de poissons
specialità locali spécialités régionales
spezie épices
spezzatino ragoût de viande ou de volaille
spezzatino di cinghiale alla cacciatora ragoût de sanglier coupé en dés, dans du vin blanc, avec de l'ail et des feuilles de laurier
spezzato di tacchino dinde en casserole avec des olives (Ombrie)
spiedino morceaux de viande grillée où rôtie sur une brochette
spigola bar
spinaci épinards

spremuta di ... fraîchement pressé (jus)

spumante mousseux (vin)

stecca di cioccolato tablette de chocolat

stelline petites pâtes en forme d'étoiles

stoccafisso morue séchée cuite avec des tomates, olives et des artichauts

storione esturgeon

stracciatella potage clair aux œufs et au fromage

stracotto ragoût de viande avec saucisses, du bœuf et des légumes, mijotés à feu doux dans du vin blanc pendant plusieurs heures (Toscane)

strangola-preti boulette de pain et d'épinards

straniera étrangère (bière)

su ordinazione à la commande

succo di frutta jus de fruits ➤ 51

supplemento supplément

supplì croquettes de riz italiennes, très populaires et savoureuses avec de la mozzarella et de la viande hachée, panées et frites

susina prune (jaune) ou prune reine-claude

T **tacchino** dinde

tagliatelle tagliatelle

tartufi truffes

tartufi di cioccolata truffes au chocolat

tè thé; **~ freddo** thé glacé

timballo con le sarde macaronis, sardines, pignons, fenouil, raisins

timo thym

tiramisù dessert constitué de boudoirs, de mascarpone, de café très fort, de Marsala et de cacao ➤ 48

tisana infusion/tisane

tonno thon

tonno alla livornese thon frit coupé en tranches, cuit en ragoût dans de l'ail et des tomates

tordo grive

Torrone délicieux nougat italien pouvant être dur et croustillant ou mou, également parfumé au chocolat

torta gâteau; tarte

torta di cioccolata gâteau au chocolat

torta di frutta gâteau aux fruits

torta di mandorle tarte aux amandes

torta di mele tarte aux pommes

torta di ricotta délicieuse tarte, à base de ricotta

torta manfreda pâté de foie au Marsala et au parmesan

torta Margherita gâteau composé de couches de meringue, de fruits frais et de crème fouettée

tortelli di zucca tortellinis farcis à la citrouille

tortellini pâtes aux œufs farcies, en forme d'anneaux ➤ 45; **~ alla panna con tartufi** à la crème et aux truffes; **~ di piccioncello** farcies au pigeon

tortino di zucchini courgettes avec une sauce béchamel

triglie mulet rouge; **~ alla livornese** cuit au four; **~ alla siciliana** grillé avec un zeste d'orange et du vin blanc

trippa tripes; **~ alla fiorentina** et bœuf braisés dans une sauce tomate, et servis avec du fromage (Toscane); **~ verde** dans une sauce verte

trota truite **~ alla brace** grillée

tutto mare sauce aux fruits de mer

63

U **uova** œufs
uova alla Romana omelette aux haricots, oignons et fines herbes
uova e pancetta œufs et bacon
uova e prosciutto œufs et jambon
uova fritte œufs sur le plat
uova strapazzate œufs brouillés
uovo alla coque œuf à la coque
uva bianca/nera raisins blancs, noirs
uva passa raisins secs
uva spina groseilles

V **vaniglia** vanille
veneziana pain sucré avec amandes entières
verde avec légumes verts à la crème
verdura mista assortiment de légumes
verdure légumes ➤ 47; **~ di stagione** légumes de saison
vermicelli vermicelles
verza chou vert
vincigrassi pâtes cuites, accompagnées d'une sauce à la crème et de jus de viande
vino vin ➤ 49–50
vitello veau; **~ alla bolognese** côtelette cuite avec jambon de Parme et du fromage; **~ tonnato** froide, avec une sauce au thon; **~ valdostana** farcie avec un fromage doux
vongole palourdes

W **whisky (e soda/con seltz)** whisky (et soda)
Würstel saucisses de Francfort

Z **zabaglione** jaunes d'œufs, sucre et vin de Marsala

zafferano safran
zampone pied de porc farci assaisonné, bouilli et servi en tranches
zenzero gingembre
ziti pâtes sans œufs tubulaires, longues et solides
zucca citrouille, gourde; **~ gialla al forno** cuite au four et servie avec du parmesan (en hiver uniquement)
zucchero sucre
zucchini ripieni courgettes farcies (contenant généralement de la viande hachée)
zuppa potage ➤ 44; **~ alla cacciatora** potage à la viande et aux champignons; **~ alla marinara** ragoût épicé de poissons; **~ alla pavese** consommé avec œuf poché, croûtons et fromage râpé; **~ alla senese** saucisses avec lentilles; **~ alla veneta** potage de légumes au vin blanc avec nouilles; **~ di bue con spaghettini** spaghetti dans un potage au bœuf; **~ di cipolle** potage aux oignons avec du cognac; **~ di cozze** potage aux moules; **~ di datteri di mare** potage de dattes de mer (sortes de moules); **~ di frutti di mare** potage aux fruits de mer; **~ di pesce** ragoût de poissons épicé; **~ di vongole** potage aux palourdes et au vin blanc
zuppa inglese gâteau mousseline mariné dans du rhum avec fruits confits et flan ou crème fouettée

Voyage

L'ESSENTIEL

1/2/3 pour ...	**Uno/due/tre per** _ouno/doué/tré pér_
Un billet pour ...	**Un biglietto per ...** _oun bilyétto pér_
aller-simple	**Solo andata** _solo andâta_
aller-retour	**andata e ritorno** _andâta é ritorno_
C'est combien?	**Quanto è?** _couannto é_

Sécurité Sicurezza

Pouvez-vous m'accompagner ...?	**Può accompagnarmi ...?** _pouô acommpagnârmi_
jusqu'à l'arrêt d'autobus	**alla fermata d'autobus** _alla férmâta d'aoutobouss_
jusqu'à mon hôtel	**al mio albergo** _al mio albérgo_
Je ne veux pas ... tout(e) seul(e).	**Non voglio ... da solo(-a).** _nonn volyio ... da sôlo(-a)_
rester ici	**rimanere qui** _rimanééré coui_
rentrer à pied	**rientrare a piedi** _riéntrâré a piéédi_
Je ne me sens pas en sécurité ici.	**Non mi sento sicuro(-a) qui.** _nonn mi sénto sicoûro(-a) coui_

POLICE ➤ 161; URGENCES ➤ 224

Arrivée Arrivo

La plupart des visiteurs, dont les citoyens de tous les pays de l'UE (Union européenne) et du Canada n'ont besoin que d'un passeport valide pour entrer en Italie. Les restrictions en matière d'importation entre pays de l'Union européenne ont été assouplies pour les articles d'usage et de consommation personnels achetés avec taxes à l'intérieur de l'UE. Maximum suggéré: 90L de vin ou 60L de vin mousseux, 20L de vin fortifié, 10L d'alcool et 110L de bière. Des magasins hors taxe existent dans les aéroports suivants: Bologne, Gênes, Milan, Naples, Pise, Rimini, Rome Ciampino, Rome Fiumicino, Turin et Venise.

Contrôle des passeports Controllo passaporti

Nous avons un passeport joint.	**Abbiamo un passaporto congiunto.** *abbiâmo oun passapôrto conndjôunto*
Les enfants sont sur ce passeport.	**I bambini sono su questo passaporto.** *i bambîni sôno sou couésto passapôrto*
Je suis ici en vacances / pour le travail.	**Sono qui per vacanza/per lavoro.** *sôno coui pér vacanntsa/pér lavôro*
Je suis en transit.	**Sono solo in transito.** *sôno sôlo inn trannzito*
Je vais à …	**Vado a …** *vâdo a*
Je suis …	**Sono …** *sôno*
tout(e) seul(e)	**da solo(-a)** *da sôlo(-a)*
avec ma famille	**con la mia famiglia** *conn la mia familya*
avec un groupe	**con un gruppo** *conn oun groupo*

Douane Dogana

Je n'ai que les quantités
autorisées.

**Ho solo beni in esenzione
fiscale.** *o sôlo bééni
in ézentsiône fiscâlé*

C'est un cadeau.

È un regalo.
é oun régâlo

C'est pour mon usage
personnel.

È per mio uso personale.
é pér mio oûzo pérsonâlé

Ha qualcosa da dichiarare?	Avez-vous quelque chose à déclarer?
Deve pagare il dazio per questo.	Il y a des droits de douane à payer sur cet article.
Dove l'ha comprato?	Où l'avez-vous acheté?
Apra questa borsa, per favore.	Pouvez-vous ouvrir ce sac, s.v.p.?
Ha altri bagagli?	Avez-vous d'autres bagages?

Je voudrais déclarer …

Vorrei dichiarare …
vorréi dikiarârê

Je ne comprends pas.

Non capisco. *nonn capisco*

Y a-t-il quelqu'un ici
qui parle français?

C'è qualcuno qui che parla francese?
*tché coualcouno coui ké parla
franntchéésé*

IL CONTROLLO PASSAPORTI	contrôle des passeports
LA FRONTIERA	poste frontière
LA DOGANA	douane
NULLA DA DICHIARARE	rien à déclarer
MERCI DA DICHIARARE	marchandises à déclarer
ESENTE DA DAZIO	exonéré de taxe

Marchandises hors taxe Articoli duty-free

C'est en quelle monnaie?

In che valuta è questo?
in ké valouta é couésto

Est-ce que je peux payer en …?

Posso pagare in …
posso pagârê in

dollars

dollari *dollari*

lires

lire *liré*

francs

franchi *frannki*

Avion Aereo

Les communications entre les villes et les principales îles italiennes sont bonnes grâce au réseau aérien. Il comprend un service de navettes (Acorbaleno) entre Rome et Milan toutes les vingt minutes. Les vols intérieurs sont parfois coûteux. Toutefois, des tarifs plus économiques peuvent être obtenus en périodes creuses, et des tarifs spéciaux sont généralement proposés aux familles, jeunes/ étudiants et personnes âgées.

Billets et réservations Biglietti e prenotazioni

A quelle heure est le … vol pour …?	**Quando parte il … volo per …?** *couanndo parté il … vôlo pér*
premier/prochain/dernier	**il primo/il prossimo/l'ultimo** *il prîmo/il prossimo/loultimo*
Je voudrais 2 billets … pour …	**Vorrei due biglietti … per …** *vorréi doué bilyétti … pér*
aller-simple	**di andata** *di anndâta*
aller-retour	**di andata e ritorno** *di anndâta é ritorno*
première classe	**di prima classe** *di prîma classé*
classe économique	**in classe turistica** *in classé touristica*
classe affaires	**in business class** *inn «business class»*
Combien coûte un vol pour …?	**Quanto costa il volo per …?** *couanto costa il vôlo pér*
Je voudrais … ma réservation pour le vol numéro …	**Vorrei … la mia prenotazione per il volo numero …** *vorréi … la mia prénotatsiôné pér il vôlo nouméro*
annuler	**annullare** *annoullâré*
changer	**cambiare** *cammbiâré*
confirmer	**confermare** *connférmâré*

Questions sur le vol Informazioni sul volo

Combien de temps dure le vol?	**Quanto dura il volo?** *couanto doûra il vôlo*
A quelle heure décolle l'avion?	**A che ora decolla l'aereo?** *a ké ôra décolla laéréo*
A quelle heure arriverons-nous?	**A che ora arriveremo?** *a ké ôra arrivéréémo*
A quelle heure est l'enregistrement des bagages?	**A che ora devo registrare i bagagli?** *a ké ôra déévo rédjistrâré i bagâlyi*

Enregistrement Accettazione

Où est le bureau d'enregistrement pour le vol ...?	**Dov'è il banco accettazione per il volo ...?** *dové il bannco atchétatsiôné pér il vôlo*
J'ai ...	**Ho ...** *o*
3 valises à faire enregistrer	**tre valige da registrare** *tré validjé da rédjistrâré*
2 bagages à main	**due borse a mano** *doué borsé a mâno*

Il suo biglietto/passaporto/ carta d'imbarco, per favore.	Votre billet/passeport/ carte d'embarquement s.v.p.
Preferisce un posto vicino al finestrino o al corridoio?	Préférez-vous une place côté fenêtre ou côté couloir?
Fumatori o non fumatori?	Fumeur ou non-fumeur?
Si accomodi nella sala partenze.	Veuillez vous rendre dans la salle de départ.
Quanti pezzi/quante valige ha?	Combien de bagages/ valises avez-vous?
Ha un eccesso di bagaglio.	Vos bagages sont trop lourds.
Deve pagare un supplemento di ... lire per ogni chilo in più.	Vous devrez payer un supplément de ... lires pour chaque kilo supplémentaire.
Questo bagaglio a mano è troppo pesante/grande.	Ce bagages à main est trop lourd/grand.
Ha fatto i bagagli personalmente?	Avez-vous fait vos valises vous-même?
Ci sono articoli elettrici o taglienti?	Est-ce qu'ils contiennent des objets électriques ou coupants?

ARRIVI	arrivées
PARTENZE	départs
I CONTROLLI DI SICUREZZA	contrôles de sécurité
TENERE CON SÈ I BAGAGLI	ne laissez pas vos bagages sans surveillance

Renseignements Informazioni

Est-ce que le vol … a du retard?	**C'è un ritardo sul volo …?** *tché oun ritardo soul vôlo*
Il a combien de retard?	**Di quanto ritarderà?** *di couannto ritardéra*
Est-ce que le vol de … a atteri?	**È atterrato l'aereo da …?** *é attérrato l'aéréo da*
De quelle porte part le vol …?	**Da quale uscita parte il volo …?** *da couâlé ouchita parté il vôlo*

Embarquement/Vol Imbarco/Volo

Votre carte d'embarquement, s.v.p.	**La sua carta d'imbarco, per favore.** *la soua carta dimbarco pér favôré*
Est-ce que je pourrais avoir quelque chose à boire/ à manger s.v.p?	**Può portarmi qualcosa da bere/da mangiare, per favore?** *poug portârmi coualcôsa da bééré/da manndjâré pér favôré*
Pouvez-vous me réveiller pour le repas, s.v.p.?	**Mi svegli per il pasto, per favore.** *mi svélyi pér il pasto pér favôré*
A quelle heure arriverons-nous?	**A che ora arriveremo?** *a ké ôra arrivéréémo*
Un sac vomitoire, vite, s.v.p.	**Un sacchetto di carta, presto, per favore.** *oun sakétto di carta présto pér favôré*

Arrivée Arrivo

Où est/sont le/la/les …?	**Dov'è/Dove sono …?** *dové/dôvé sôno*
bureau de change	**l'ufficio cambio** *louffitcho cammbio*
autobus	**gli autobus** *li aoutobouss*
bureau de location de voitures	**il noleggio auto** *il nolédjo aouto*
sortie	**l'uscita** *louchita*
taxis	**i tassì** *i tassi*
Est-ce qu'il y a un bus pour aller en ville?	**C'è un autobus per il centro città?** *tché oun aoutobouss pér il tchéntro tchitta*
Comment est-ce que je peux me rendre à l'hôtel …?	**Come si arriva all' albergo …?** *comé si arriva allalbérgo*

Bagages Bagagli

Pourboire: le tarif suggéré pour le portier est de
2 000–5 000 lires par bagage; dans les gares ferroviaires, les
tarifs sont généralement affichés.

Porteur! Excusez-moi!	**Facchino! Scusi!** _fakîno. scoûzi_
Pourriez-vous porter mes bagages …?	**Può portarmi i bagagli fino …?** _pouo portârmi i bagalyi fîno_
jusqu'à un taxi/l'arrêt de bus	**al tassi/alla fermata dell'autobus** _al tassi/ alla fémâta délaoutobouss_
Où est/sont …?	**Dov'è/Dove sono …?** _dové /dôvé sôno_
les chariots à bagages	**i carrelli portabagaglio** _i carrélli portabagâlyo_
la consigne automatique	**il deposito bagagli automatico** _il déposito bagalyi aoutomatico_
la consigne	**il deposito bagagli** _il déposito bagalyi_
Où sont les bagages du vol …?	**Dove sono i bagagli del volo …?** _dôvé sôno i bagalyi dél vôlo_

Perte/Dommages/Vols Smarrimento/Danni/Furti

J'ai perdu mes bagages.	**Ho smarrito i bagagli.** _o smarrito i bagalyi_
On m'a volé mes bagages.	**Il mio bagaglio è stato rubato.** _il mio bagâlyo é stâto roubâto_
Ma valise a été abîmée pendant le voyage.	**La mia valigia è stata danneggiata durante il viaggio.** _la mia valîdjia é stâta dannédjiâta dourannté il viâdjio_

Può descrivere i suoi bagagli?	Pouvez-vous décrire vos bagages?
Ha l'etichetta di ricupero bagagli?	Avez-vous le ticket de consigne?
I suoi bagagli …	Vos bagages …
potrebbero essere stati mandati a …	ont peut-être été envoyés à …
potrebbero arrivare oggi più tardi.	arriveront peut-être dans la journée.
Ritorni domani, per favore.	Veuillez revenir demain, s.v.p.
Chiami questo numero per controllare se i suoi bagagli sono arrivati.	Téléphonez à ce numéro pour savoir si vos bagages sont arrivés.

POLICE ➤ 161; COULEURS ➤ 144

Train Treno

EuroCity (EC) *éourositi*
Express international reliant les principales villes européennes, première et seconde classes. Un supplément doit être payé et les réservations sont obligatoires.

Pendolino-ETR 450 (P) *péndolino*
Train à grande vitesse reliant les principales villes italiennes. Première classe de luxe et seconde classe; les billets comprennent le service d'hôtesse et un repas. Les réservations sont obligatoires.

Rapido *rapido*
Train express longue distance ne desservant que les villes principales; première et deuxième classes.

Intercity (IC) *«intercity»*
Express intercités marquant peu d'arrêts; service international de luxe pour les première et seconde classes. Il est indispensable de réserver les places et un supplément spécial est demandé.

Expresso (EXP) *éspréso*
Train express longue distance, desservant les villes principales.

Diretto (D) *diréto*
Plus lent que l'express, desservant la plupart des gares.

InterRegionale (IR) *intérrédjionâlé*
Train desservant les gares principales à l'intérieur d'une région.

Regionale (R) *rédjionâlé*
Train local s'arrêtant dans de nombreux petits endroits. Pas très rapide, mais constitue un excellent moyen de visiter les petits villages de montagne. Marqués par un «R» blanc sur fond noir.

carrozza ristorante *carrotsa ristoranté*
Voiture-restaurant; attachée à la plupart des trains internationaux et longue distance. Certains services comprennent des voitures-restaurants libre-service. De plus, la plupart des trains mettent à votre disposition collations et rafraîchissements.

vagone letto *vagôné léto*
Wagons-lits avec compartiment individuel et équipements de toilette. Des couchettes avec couvertures et oreillers (**carrozza cuccette**) sont également disponibles sur certaines lignes. Les première et seconde classes se distinguent par le nombre de couchettes par compartiment.

La société des Chemins de fer nationaux (**ferrovie dello stato – FS**) publie un indicateur de poche gratuit, facile à consulter des principaux trains parcourant l'Italie. Les trains italiens sont parfois bondés; si vous n'avez pas réservé, il est plus raisonnable d'arriver en gare au moins 30 minutes avant le départ afin d'être sûr d'obtenir une place.

Contrôlez les différentes réductions et cartes de voyage existantes avant de quitter votre pays.

A la gare Alla stazione ferroviaria

Pour aller à la gare (principale)?	**Come si arriva alla stazione ferroviaria (principale)?** *côme si arrîva alla statsiônê férroviâria (printchipâlê)*
Est-ce que les trains pour … partent de la gare …?	**I treni per … partono dalla stazione di …?** *i tréeni pér … partono dalla statsiônê di*
A quelle distance est-ce?	**Quanto distante?** *couannto distannté*
Je peux laisser ma voiture ici?	**Posso lasciare la mia macchina qui?** *posso lachâré la mia makina coui*

Dans la gare Alla stazione ferroviaria

Où est/sont le/la/les …?	**Dov'è/Dove sono …?** *dové /dôvé sôno*
bureau de change	**l'ufficio cambio** *louffitcho cammbio*
bureau des renseignements	**lo sportello informazioni** *lo sportéllo informatsiôni*
consigne	**il deposito bagagli** *il déposito bagâlyi*
bureau des objets trouvés	**l'ufficio oggetti smarriti** *louffitcho odjétti smarriti*
consigne automatique	**il deposito bagagli automatico** *il déposito bagâlyi aoutomâtico*
quais	**i binari** *i binâri*
snack-bar	**il bar** *il bar*
guichet	**la biglietteria** *la bilyéttéria*
salle d'attente	**la sala d'aspetto** *la sala daspétto*

ENTRATA	entrée
USCITA	sortie
AI BINARI	accès aux quais
INFORMAZIONI	renseignements
PRENOTAZIONI	réservations
ARRIVI	arrivées
PARTENZE	départs

DIRECTIONS ➤ 94

Billets Biglietti

Il est très important de composer vos billets avant d'entamer votre voyage, en introduisant ceux-ci dans les machines (généralement jaunes) placées sur les quais, faute de quoi une amende vous sera infligée.

Je voudrais un billet … pour …	**Vorrei un biglietto … per …** *vorréi oun bilyéto … pér*
aller-simple	**di andata** *di anndâta*
aller-retour	**di andata e ritorno** *di anndâta é ritorno*
de première/deuxième classe	**di prima/di seconda classe** *di prîma/di séconnda classé*
Je voudrais réserver un …	**Vorrei prenotare …** *vorréi prénotâré*
siège près de la fenêtre/du couloir	**un posto vicino al finestrino/al corridoio** *oun posto vitchîno al finéstrîno/al corridoyo*
Est-ce qu'il y a un wagon-lit?	**C'è un vagone letto?** *tché oun vagôné létto*
Je voudrais une couchette.	**Vorrei una cuccetta …** *vorréi ouna coutchétta*
supérieure/inférieure	**superiore/inferiore** *soupériôré/inferiôré*

Prix Tariffe

C'est combien?	**Quant'è?** *couannté*
Y a-t-il une réduction pour …?	**C'è una riduzione per …?** *tché ouna ridoutsiôné pér*
les enfants/les familles	**bambini/famiglie** *bammbîni/familyé*
les personnes âgées	**anziani** *anntsiâni*
les étudiants	**studenti** *stoudénti*
Est-ce que vous offrez un aller-retour dans la même journée bon marché?	**Avete una tariffa economica per una andata e ritorno in giornata?** *avéété ouna tariffa économica pér ouna anndâta é ritorno in djornâta*

74

CHIFFRES ➤ 216; JOURS DE LA SEMAINE ➤ 218

Questions Richieste

Est-ce que je dois changer de train?	**Devo cambiare treno?** *dévo cambiâré trééno*
C'est un train direct.	**È un treno diretto.** *é oun trééno dirétto*
Il faut changer à …	**Deve cambiare a …** *déévé cambiâré a*
Ce billet est valable pour combien de temps?	**Per quanto tempo è valido questo biglietto?** *pér couannto témpo é valido couésto bilyéto*
Est-ce que je peux revenir avec le même billet?	**Posso ritornare con lo stesso biglietto?** *posso ritornâré conn lo stésso bilyétto*
Dans quel wagon est ma place?	**In quale carrozza è il mio posto?** *inn couâlé carrotsa é il mio posto*
Est-ce qu'il y a un wagon-restaurant dans le train?	**C'è un vagone ristorante sul treno?** *tché oun vagôné ristorannté soul trééno*

– Vorrei un biglietto per Siena, per favore.
(Je voudrais un billet pour Sienne, s.v.p.)
– *Andata o andata e ritorno? (Aller-simple ou aller-retour?)*
– Andata e ritorno, per favore. (Aller-retour, s.v.p.)
– *Fa ventitre mila lire. (Ça fait 23 000 lires.)*
– Devo cambiare treno? (Est-ce que je dois changer de train?)
– *Sì, deve cambiare a Poggibonsi.*
(Oui, il faut changer à Poggibonsi.)

Horaires des trains L'orario ferroviario

Est-ce que je pourrais avoir un horaire, s.v.p.?	**Ha un orario ferroviario, per favore?** *a oun orârio ferroviârio pér favôré*
A quelle heure part le … train pour …?	**Quando parte il … treno per** *couanndo pârté il … trééno pér*
premier/prochain/dernier	**il primo/il prossimo/l'ultimo** *il prîmo /il prossimo/ loultimo*

Quelle est la fréquence des trains pour ...?	**Che frequenza hanno i treni per ...?** *ké frécoué<u>n</u>tsa <u>a</u>nno i tr<u>éé</u>ni pér*
une/deux fois par jour	**una volta/due volte al giorno** *<u>ou</u>na <u>vol</u>ta/<u>dou</u>é <u>vol</u>té al <u>dj</u>orno*
cinq fois par jour	**cinque volte al giorno** *tchinncoué <u>vol</u>té al <u>dj</u>orno*
toutes les heures	**ogni ora** *<u>og</u>ni <u>ô</u>ra*
A quelle heure partent-ils?	**A che ora partono?** *a ké <u>ô</u>ra <u>par</u>tono*
toutes les heures/à l'heure juste	**ad ogni ora précisa** *ad <u>og</u>ni <u>ô</u>ra prét<u>chî</u>sa*
A quelle heure le train s'arrête-t-il à ...?	**A che ora si ferma il treno a ...?** *a ké <u>ô</u>ra si <u>fer</u>ma il tr<u>éé</u>no a*
A quelle heure le train arrive-t-il à ...?	**A che ora arriva il treno a ...?** *a ké <u>ô</u>ra ar<u>rî</u>va il tr<u>éé</u>no a*
Combien de temps dure le voyage?	**Quanto dura il viaggio?** *cou<u>ann</u>to d<u>ou</u>ra il vi<u>â</u>djo*
Est-ce que le train est à l'heure?	**Il treno è in orario?** *il tr<u>éé</u>no é inn or<u>â</u>rio*

Départs Partenze

De quel quai part le train pour ...?	**Da quale binario parte il treno per ...?** *da cou<u>â</u>lé bin<u>â</u>rio <u>par</u>té il tr<u>éé</u>no pér*
Où est le quai numéro 4?	**Dov'è il binario quattro?** *do<u>vé</u> il bin<u>â</u>rio cou<u>a</u>ttro*
là-bas	**laggiù** *lad<u>jou</u>*
à gauche/à droite	**a sinistra/a destra** *a si<u>ni</u>stra/a d<u>é</u>stra*
Où est-ce que je dois changer pour ...?	**dove cambio per ...?** *d<u>ô</u>vé <u>cam</u>mbio pér*
Combien de temps dois-je attendre pour une correspondance?	**Quanto devo aspettare per la coincidenza?** *cou<u>ann</u>to d<u>éé</u>vo aspétt<u>â</u>ré pér la cointchid<u>é</u>ntsa*

EXPRESSIONS COURANTES ➤ 10–19; HEURES ➤ 220

Embarquement Salire a bordo

Est-ce bien le bon quai pour le train pour …?	**È questo il binario del treno a …?** *é couésto il binârio dél tréeno a …*
Est-ce que c'est bien le train direct pour …?	**È questo il treno diretto a …?** *é couésto il tréeno dirétto a*
Est-ce que cette place est occupée?	**È occupato questo posto?** *é ocoupâto couésto posto*
Je crois que c'est ma place.	**Questo è il mio posto, credo.** *couésto é il mio posto créedo*
Est-ce qu'il y a des places/ couchettes libres?	**Ci sono posti liberi/cuccette libere?** *tchi sôno posti libéri/ coutchétté libéré*
Est-ce que ça vous dérange si …?	**Le spiace …?** *lé spiâtché*
je m'asseois ici	**se mi siedo qui** *sé mi siéedo coui*
j'ouvre la fenêtre	**se apro la finestra** *sé apro la finéstra*

Pendant le voyage Durante il viaggio

Combien de temps est-ce que nous nous arrêtons ici?	**Per quanto tempo ci fermiamo qui?** *pér couannto témpo tchi férmiâmo coui*
Quand arrivons-nous à …?	**Quando arriviamo a …?** *couanndo arriviâmo a*
Est-ce que nous sommes passés à …?	**Abbiamo passato …?** *abbiâmo passâto*
Où est le wagon-restaurant/ wagon-lit?	**Dov'è la carrozza ristorante/il vagone letto?** *dové la carrotsa ristorannté/il vagôné létto*
Où est ma couchette?	**Dov'è la mia cuccetta?** *dové la mia coutchétta*
J'ai perdu mon billet.	**Ho perso il biglietto.** *o pérso il bilyétto*

FRENI D'EMERGENZA	arrêt d'urgence
PORTE AUTOMATICHE	portes automatiques
SEGNALE D'ALLARME	sonnette d'alarme

HEURES ➤ *220*

Autocar Corriera

Voyager en autocar peut s'avérer un moyen pratique de se rendre dans les villes plus modestes et une façon plus économique d'accéder aux grandes villes. Vous trouverez des informations sur les destinations et les horaires dans les gares autoroutières généralement situées à proximité des gares ferroviaires. Parmi les sociétés principales, citons: **A.M.T.** (Gênes), **Appian Line** (Rome), **Autostradale, Lazzi, Pesci, Sadem, Sita**.

Où est la gare autoroutière?	**Dov'è la stazione delle corriere/ dei pullman?** *dové la statsiône déllé corriééré/déi pullman*
A quelle heure est le prochain car pour …?	**Quando parte la prossima corriera per …?** *couanndo parté la prossima corriééra pér …*
De quel arrêt part-il?	**Da quale piazzola parte?** *da couâlé piatsôla parté*
Où sont les arrêts de car?	**Dove sono le piazzole di sosta?** *dôvé sôno le piatsôlé di sosta*
Est-ce que le car s'arrête à …?	**Questa corriera ferma a …?** *couésta corriééra férma a*
Combien de temps dure le voyage?	**Quanto dura il viaggio?** *couanno doûra il viâdjo*

Bus Autobus

De nombreuses villes ont introduit un système automatique de péage. La plupart des machines restituent la monnaie, bien qu'elles soient générale-ment limitées à 2 000 lires. Dans la plupart des villes, les tickets de bus ou de métro sont valables 75 minutes et le tarif est standard, indépendamment de la distance. Si vous avez l'intention de voyager beaucoup dans une ville, renseignez-vous au sujet des billets circulaires spéciaux, tels que le **biglietto giornaliero** (ticket valable un jour).

Deve andare a quella fermata lì.	Il faut aller à cet arrêt là-bas.
Deve prendere quella strada.	Vous devez suivre cette rue.
Deve prendere l'autobus numero …	Vous devez prendre le bus numéro …
Deve cambiare autobus a …	Vous devez changer de bus à …

LA FERMATA D'AUTOBUS	arrêt d'autobus
LA FERMATA A RICHIESTA	arrêt facultatif
VIETATO FUMARE	défense de fumer
USCITA (D'EMERGENZA)	sortie (de secours)

DIRECTIONS ➤ 94; *HEURES* ➤ 220

Acheter des billets Comprare i biglietti

Où est-ce que je peux acheter des billets?	**Dove si comprano i biglietti?** _dôve si commprano i bilyéti_
Un billet … , s.v.p.	**Un biglietto …, per favore.** _oun bilyéto pér … pér favôré_
aller	**di corsa semplice** _di corsa sémplitché_
aller-retour	**circolare** _tchircolâré_
passe-bus	**per corse multiple** _pér corsé moultiplé_
pour la journée/la semaine/le mois	**giornaliero/settimanale/mensile** _djornaliééro/séttimanâlé/ménsîlé_
Un carnet de tickets, s.v.p.	**Un blocchetto di biglietti, per favore.** _oun blokétto di bilyéti pér favôré_
Combien coûte un ticket pour …?	**Quant'è il biglietto per …?** _couannté il bilyétto pér_

Pour voyager In viaggio

Est-ce que c'est bien le bon bus/tram pour …?	**È questo l'autobus/il tram per …?** _é couésto laoutobouss/il tramm pér_
Pourriez-vous me dire quand il faut descendre?	**Può dirmi quando devo scendere?** _pouo dirmi couanndo déévo chéndéré_
Est-ce que je dois changer de bus?	**Devo cambiare autobus?** _déévo cammbiâré aoutobouss_
Combien d'arrêts est-ce qu'il y a jusqu'à …?	**Quante fermate ci sono per …?** _couannté férmâté tchi sôno pér_
Prochain arrêt, s.v.p.!	**La prossima fermata, per favore!** _la prossima férmâta pér favôré_

⊘ **CONVALIDARE IL BIGLIETTO** composter le billet ⊝

– Scusi. È questo l'autobus per il municipio?
(Excusez-moi. Est-ce que c'est bien le bus pour l'hôtel de ville?)
– _No. Deve prendere l'autobus numero otto. Eccolo, laggiù._
(Non. Vous devez prendre le bus numéro 8. Le voilà, là-bas.)
– Dove si comprano i biglietti?
(Où est-ce que je peux acheter des billets?)
– _In una edicola. (Dans un kiosque à journaux.)_
– Può dirmi quando devo scendere?
(Pourriez-vous me dire quand il faut descendre?)
– _Fra quattro fermate. (Dans quatre arrêts.)_

ACHETER DES BILLETS ➤ 74; _DIRECTIONS_ ➤ 94

Métro Metropolitana

Le métro à Rome et à Milan affichent de grandes cartes dans chaque gare afin de faciliter l'utilisation du système. Le tarif est standard, indépendamment de la distance parcourue.

Questions générales Richieste generali

Où est la station de métro la plus proche?
Dov'è la fermata della metropolitana più vicina? _dové la férmâta délla métropolitâna piou vitchîna_

Où est-ce que je peux acheter les billets?
Dove si comprano i biglietti? _dové si commprano i bilyétti_

Est-ce que je pourrais avoir un plan du métro?
Ha una carta/mappa della rete metropolitana? _a ouna carta/mappa délla réété métropolitâna_

En voyage In viaggio

Quelle ligne dois-je prendre pour ...?
Che linea devo prendere per ...? _ké linéa déévo préndéré pér_

C'est bien la ligne pour ...?
È questa la linea per ...? _é couésta la linéa pér_

C'est quelle station pour ...?
Che fermata è per ...? _ké férmâta é pér_

Combien de stations est-ce qu'il y a jusqu'à ...?
Quante fermate ci sono per arrivare a ...? _couannté férmâté tchi sôno pér arrivâré a_

Est-ce que la prochaine station est bien ...?
La prossima/fermata è ...? _la prossima (férmâta) é_

Où sommes-nous?
Dove siamo? _dôvé siâmo_

Où est-ce que je dois changer pour ...?
Dove devo cambiare per ...? _dôvé déévo cambiâré pér_

A quelle heure est la dernière rame pour ...?
A che ora è l'ultimo treno per ...? _a ké ôra é loultimo trééno pér_

PER ALTRE LINEE/ COINCIDENZE	autres lignes/ correspondances

CHIFFRES ➤ 216; ACHETER DES BILLETS ➤ 79, 74

Ferry traghetto

Des services réguliers de bateaux, ferries et hydroptères opèrent à destination des îles italiennes. Outre les grands services publics tels que **Tirrenia** (en particulier les services à destination de la Sicile et de la Sardaigne), nombre d'autres opérateurs vous emmèneront dans des îles telles que Capri, Ischia, Ponza, Ventotene, les îles Trémiti, l'île d'Elbe et Giglio.

Les voyageurs à destination de Venise peuvent réserver des excursions sur une myriade de canaux, organisées par la *Coopérative des Services des Gondoles*. Le prix est généralement indiqué par gondole, où peuvent prendre place 6 à 8 personnes, pour 45 minutes – il est parfois possible de marchander. Un moyen plus économique, mais moins romantique de se promener est le bateau-omnibus: **Vaporetto** (lent) et **Diretto** (rapide).

A quelle heure est le … car-ferry pour …?	**Quando c'è … traghetto auto per …?** *couanndo tché … traghétto aouto pér*
premier/prochain/dernier	**il primo/il prossimo/l'ultimo** *il prîmo/ il prossimo/ loultimo*
l'aéroglisseur	**l'aliscafo** *laliscâfo*
le bateau	**la nave** *la nâvé*
Un billet aller et retour pour …	**Un biglietto di andata e ritorno per …** *oun bilyétto di anndâta é ritorno pér*
une voiture et une caravane	**un'auto e una carovana** *oun aouto é ouna carovâna*
2 adultes et 3 enfants	**due adulti e tre bambini** *doué adoulti é tré bambîni*
Je voudrais réserver une cabine …	**Vorrei prenotare una cabina …** *vorréi prénotâré ouna cabîna*
pour une/deux personne(s)	**singola/doppia** *singgola/doppia*

VIETATO L'ACCESSO AL PONTE AUTO	accès au pont autos interdit
LA SCIALUPPA DI SALVATAGGIO	chaloupe de sauvetage
LA CINTURA DI SALVATAGGIO	ceinture de sauvetage
PUNTO DI RACCOLTA	point de rassemblement

Voyages en bateau Gite in barca

Est-ce qu'il y a …?	**C'è …?** *tché*
un voyage en bateau	**una gita in barca** *ouna djita in bârca*
Où peut-on acheter des billets?	**Dove si comprano i biglietti?** *dové si commpranno i bilyétti*

CHIFFRES ➤ 216; HEURES ➤ 220

1 plaquette de frein
   il pattino/la pastiglia
2 sacoche de bicyclette **il borsello**
3 selle **il sellino**
4 pompe **la pompa**
5 bidon d'eau **la bottiglia dell'acqua**
6 cadre **il telaio**
7 guidon **il manubrio**
8 sonnette **il campanello**
9 câble de frein **il cavo dei freni**
10 levier de changement de vitesse
    la leva del cambio
11 câble de changement de vitesse
    il cavo del cambio
12 chambre à air **la camera d'aria**
13 roue avant/arrière
    la ruota anteriore/posteriore
14 essieu **l'asse**
15 pneu **il pneumatico**
16 roue **la ruota**
17 rayons **i raggi**
18 ampoule **la lampadina**
19 phare **il fanalino anteriore**

20 pédale **il pedale**
21 antivol **il antifurto**
22 dynamo **la dinamo**
23 chaîne **la catena**
24 feu arrière **il fanalino posteriore**
25 jante **il cerchione**
26 réflecteurs **il catarinfrangente**
27 garde-boue **il parafango**
28 casque **il casco**
29 visière **l'antiabbagliante**
30 réservoir **il serbatoio**
31 embrayage **la leva della frizione**
32 rétroviseur **lo specchietto**
33 contact **l'accensione**
34 clignotant **l'indicatore di posizione**
35 klaxon **il claxon**
36 moteur **il motore**
37 levier de vitesse **la leva del cambio**
38 béquille **il cavalletto**
39 pot d'échappement **la marmitta**
40 couvre-chaîne **il paracatena**

REPARATIONS AUTOMOBILES ➤ *89*

Bicyclette/moto
Bicicletta/motocicletta

Je voudrais louer un/une ...	**Vorrei noleggiare ...** *vorréi nolédjiâré*
vélo à 3/10 vitesses	**una bici(cletta) a tre/dieci marce** *ouna bitchi(clétta) a tré/diétchi martché*
mobylette	**un motorino** *oun motorîno*
VTT	**una MTB** *ouna émmétibi*
moto	**una moto(cicletta)** *ouna moto (mototchiklétta)*
Ça coûte combien par jour/semaine?	**Quanto costa al giorno/alla settimana?** *couannto costa al djiorno/alla séttimâna*
Est-ce qu'il faut verser des arrhes?	**Vuole un anticipo?** *vouôlé oun anntitchipo*
Les freins ne marchent pas.	**I freni non funzionano.** *i frééni nonn fountsiônano*
Il n'y a pas de feux.	**Non ci sono i fanalini.** *nonn tchi sôno i fannalîni*
Le pneu avant/arrière est crevé.	**il pneumatico anteriore/posteriore è bucato.** *il pnéoumatico anntériôré/postériôré é boucâto*

Faire de l'auto-stop Fare l'autostop

Où allez-vous?	**Dove va?** *dôvé va*
Je vais vers ...	**Vado verso ...** *vâdo vérso*
Est-ce que c'est sur la route de ...?	**È sulla strada per ...?** *é soulla strâda pér*
Est-ce que vous pourriez me déposer ...?	**Può farmi scendere ...?** *pouo fârmi chéndéré*
ici/à ...	**qui/a ...** *coui/a*
à la sortie ...	**all'uscita ...** *allouchita*
dans le centre ville	**in centro città** *in tchéntro tchitta*
Merci de m'avoir emmené.	**Grazie per il passaggio.** *grâtsié pér il passâdjio*

Taxi Tassì

Tous les taxis sont légalement tenus d'être munis d'un taximètre, mais il est toujours plus raisonnable de demander le tarif pour les voyages plus longs. Tous les tarifs (dont suppléments pour les dimanches, jours fériés, déplacements de nuit [23.00 h–6.00 h], à destination d'aéroports, bagages) sont indiqués sur un tableau officiel, en principe affiché à l'intérieur du taxi. Avant de vous quereller avec votre chauffeur à l'arrivée ou au départ de l'aéroport, rappelez-vous qu'un supplément pour le retour doit être additionné au tarif indiqué par le taximètre. Prenez garde aux taxis non munis d'une licence (**«abusivi»**), qui racolent la clientèle à destination des aéroports et des gares – leurs tarifs sont nettement supérieurs aux tarifs normaux. Suggestion de pourboire: 10–15% pour le chauffeur.

Où est-ce que je peux trouver un taxi?	**Dove si trovano i tassì?** _dôvé si trôvano i tassì_
Avez-vous le numéro de téléphone pour appeler un taxi?	**Ha il numero dei tassì?** _a il nouméro déi tassì_
Je voudrais un taxi …	**Vorrei un tassì …** _vorréi oun tassì_
maintenant	**subito** _soubito_
dans une heure	**fra un'ora** _fra ounôra_
demain à 9 heures	**per domani alle nove** _pér domâni allé nôvé_

⊘   **LIBERO**   libre   ⊘

L'adresse est … Je vais à …	**L'indirizzo è … Vado a …** _linndiritzo é … vâdo a_
Emmenez-moi à …, s.v.p.	**Per favore, mi porti …** _pér favôré mi porti_
l'aéroport/la gare	**all'aeroporto/alla stazione ferroviaria** _allaéroporto/alla statsiôné férroviâria_
cette adresse	**a questo indirizzo** _a couésto inndiritzo_
Combien est-ce que ça coûtera?	**Quanto costerà?** _couannto costéra_
Le compteur indique …	**Sul tassametro è segnato …** _soul tassamétro é ségnâto_
Gardez la monnaie.	**Tenga il resto.** _ténga il résto_

– Per favore, mi porti alla stazione ferroviaria.
(Emmenez-moi à la gare, s.v.p.)
– _Certo. (Bien sûr.)_
– Quanto costerà? (Combien est-ce que ça coûtera?)
– _Due mila lire. (2 000 lires.)_
– Grazie. Tenga il resto. (Merci. Gardez la monnaie.)

Voiture Automobile

Lors de vos déplacements en voiture, vous devez disposer en permanence des documents suivants: permis de conduire valide et complet, document d'immatriculation du véhicule (carte grise) et documents d'assurance. Si vous ne possédez pas de permis format CE, une traduction du permis est également nécessaire. Les visiteurs doivent être en possession de leur carte grise et, s'il ne s'agit pas de leur voiture, d'une autorisation écrite du propriétaire.

Le délit le plus communément commis à l'encontre des touristes en Italie est le vol de voitures de location. Tâchez toujours de trouver des aires de stationnement sûres la nuit et n'abandonnez jamais d'objets précieux dans votre véhicule à quelque moment que ce soit.

Equipement indispensable: triangle de signalisation, plaque d'immatriculation nationale; le port des ceintures de sécurité est obligatoire. Les enfants de moins de 13 ans doivent prendre place dans des fauteuils équipés de rehausseurs spéciaux.

Les usagers d'une route principale sont prioritaires; lors du croisement de deux routes équivalentes, la priorité à droite est appliquée. Sur les routes à trois bandes, la bande centrale est réservée au dépassement.

Age minimum de conduite: 18 ans.

Les autoroutes italiennes (**autostrade**) sont à péages (**il pedaggio**). La police de la route est en droit de vous infliger des amendes payables sur-le-champ. Demandez un reçu.

L'usage de l'avertisseur sonore est interdit en agglomération, excepté en cas d'urgence.

Taux d'alcool dans le sang: maximum 80 mg/100 ml.

Réseau routier

Italie: **autostrada** – autoroute à péage; **superstrada** – autoroute sans péage; **strada statale** – route nationale; **strada provinciale** – route secondaire; **strada comunale** – route locale.

Suisse   **A** – autoroute sans péage, mais paiement d'une vignette obligatoire au passage de la frontière; **N** – route nationale; **E**– secondaire.

Limitation de vitesse *km/h*	Zone urbaine	En dehors des zones urbaines		Autoroute
Italie	50	110	routes nationales	130
		90	routes secondaires	
voiture avec remorque/caravane	50	70		80
Suisse	50	80		100-120

Location de voitures Autonoleggio

L'assurance de responsabilité civile (**R.C.A.**) est comprise dans le coût de base, généralement avec une prime-collision sans franchise.

Si vous voyagez en avion ou en train, il se peut que vous désiriez bénéficier d'arrangements spéciaux comprenant la location d'une voiture. Les petites entreprises locales sont généralement plus intéressantes que les principales sociétés italiennes de location ou les multinationales, mais les voitures ne peuvent être louées que localement. Certaines sociétés exigent un âge minimum de 21 ans; un permis valable depuis un an minimum est exigé d'office.

Où est-ce que je peux louer une voiture?	**Dove posso noleggiare un'auto(mobile)?** *dôvé posso nolédjâré ounaouto (ounaoutomobilé)*
Je voudrais louer une voiture …	**Vorrei noleggiare un'auto …** *vorréi nolédjâré ounaouto*
2 portes/4 portes	**a due/a quattro porte** *a doué/a couattro porté*
automatique	**con cambio automatico** *conn cammbio aoutomâtico*
avec climatisation	**con aria condizionata** *conn âria connditsionnâta*
Je voudrais la louer pour un jour/une semaine.	**Vorrei noleggiarla per un giorno/una settimana.** *vorréi nolédjârla pér oun djorno/ouna séttimâna*
Quel est le tarif par jour/ semaine?	**Quanto costa al giorno/alla settimana?** *couannto costa al djorno/alla séttimâna*
Est-ce-que le kilométrage et l'assurance sont compris?	**Il chilometraggio e l'assicurazione sono inclusi?** *il kilométrâddjo é lassicouratsiône sôno incloûsi*
Est-ce que je peux laisser la voiture à …?	**Posso lasciare la macchina a …?** *posso lachâré la makina a*
Qu'est-ce qu'il faut mettre comme carburant?	**Che tipo di benzina prende?** *ké tipo di béndzîna préndé*
Où sont les phares/les codes?	**Dove sono gli abbaglianti/anabbaglianti?** *dôvé sôno ly abbalyiannti/ anabbalyiannti*
Est-ce que je peux prendre une assurance tous risques?	**Vorrei una polizza di assicurazione completa.** *vorréi ouna politsa di assicouratsiône compléta*

Station-service Stazione di servizio

Où est la station-service la plus proche? | **Dov'è la prossima stazione di servizio?** *dové la prossima statsiôné di sérvitsio*

Est-ce que c'est un self-service? | **È un distributore automatico?** *é oun distriboutôré aoutomatico*

Le plein, s.v.p. | **Il pieno, per favore.** *il piééno pér favôré*

… litres d'essence … , s.v.p. | **… litri di benzina …, per favore.** *litri di béndzina … pér favôré*

super/ordinaire | **super/normale** *soupér/normâlé*

sans plomb/diesel | **verde/diesel** *vérdé/dîsél*

Où est le compresseur d'air/d'eau? | **Dov'è la pompa per l'aria/l'acqua?** *dové la pommpa pér lâria/lacoua*

| ⊕ **PREZZO AL LITRO** | prix au litre | ⊙ |

Stationnement Parcheggio

Le stationnement dans la rue est essentiellement limité aux centre-villes. Vous pourrez vous procurer un disque bleu (**dischi di sosta,** maximum une heure) en zone bleue dans les organismes touristiques, clubs automobiles et stations-service. Affichez votre disque afin de communiquer votre heure d'arrivée et de départ.

A Rome, le stationnement en centre-ville (**la zona tutelata**) est interdit en semaine; punissable par une amende et une peine de prison.

Est-ce qu'il y a un parking près d'ici? | **C'è un parcheggio qui vicino?** *tché oun parkédjo coui vitchîno*

Quel est le tarif par heure/jour? | **Quanto costa all'ora/al giorno?** *couannto costa allôra/ al djorno*

Avez-vous de la monnaie pour le parcomètre? | **Ha moneta per il parchimetro?** *a mônéta pér il parkimétro*

On a mis un sabot de Denver à ma voiture. A qui dois-je téléphoner? | **La mia auto è stata bloccata con ceppo bloccaruote. A chi devo rivolgermi?** *la mia aouto é stâta blocâta conn tchéppo blocaruoté. a ki déévo rivoldjérmi*

CHIFFRES ➤ 216; *DIRECTIONS* ➤ 94

Pannes Guasti

Si vous avez besoin d'aide en cas de panne: consultez vos documents d'assistance en cas de panne; ou contactez le service de dépannage **CAI** (club automobile d'Italie): Italie: ☎ 116. Suisse: ☎ 140

Où se trouve le garage le plus proche?	**Dov'è l'autorimessa più vicina?** *dové laoutoriméssa piou vitchîna*
Ma voiture est tombée en panne.	**Ho un guasto all'automobile.** *o oun gousto allaoutomobilé*
Pouvez-vous m'envoyer un mécanicien/une dépanneuse?	**Può mandarmi un meccanico/un carro attrezzi?** *pouo manndârmi oun mécannico/oun carro attrétsi*
Je suis membre du service d'assistance routière …	**Sono socio del servizio soccorso stradale …** *sôno sotchio dél sérvitsio socorso stradâlé*
Mon numéro d'immatriculation est …	**La mia targa è …** *la mia targa é*
La voiture est …	**L'auto è …** *laouto é*
sur l'autoroute	**sull'autostrada** *soullaoutostrâda*
à 2 km de …	**a due chilometri da …** *a doué kilométri da*
Combien de temps allez-vous mettre pour arriver?	**Fra quanto tempo arriva?** *fra couannto témpo arrîva*

Qu'est-ce qui ne va pas? Che guasto ha?

Ma voiture ne veut pas démarrer.	**L'auto non parte.** *laouto nonn parté*
La batterie est à plat.	**La batteria è scarica.** *la battéria é scarica*
Je suis en panne d'essence.	**Ho finito la benzina.** *o finito la béndzîna*
J'ai une crevaison.	**Ho un pneumatico forato.** *o oun pnéoumatico forâto*
J'ai un problème avec …	**C'è qualcosa che non funziona con …** *tché coualcôsa ké nonn fountsiôna conn*
J'ai fermé mes clés dans la voiture.	**Ho chiuso le chiavi dentro la macchina.** *o kioûzo lé kiâvi déntro la makina*

TELEPHONER ➤ 127; PARTIES DE VOITURE ➤ 90–91

Réparations Riparazioni

Faites-vous des réparations?
Fa riparazioni?
fa riparatsióni

Est-ce que vous pouvez faire une réparation (temporaire)?
Può fare una riparazione (provvisoria)?
pouo fâré ouna riparatsióné (provizória)

Faites seulement les réparations essentielles, s.v.p.
Faccia solo le riparazioni essenziali, per favore. *fatcha sólo lé riparatsióné ésséntsiâli pér favóré*

Puis-je attendre?
Posso aspettare? *posso aspéttâré*

Pouvez-vous la réparer aujourd'hui?
Può ripararla oggi? *pouo riparârla odji*

Quand sera-t-elle prête?
Quando sarà pronta? *couanndo sara pronnta*

Ça coûtera combien?
Quanto costerà? *couannto costéra*

N'exagérons pas!
Non esageriamo! *nonn ésadjériâmo*

Pouvez-vous me donner un reçu pour l'assurance, s.v.p.?
Mi dia una ricevuta per l'assicurazione, per favore. *mi dia ouna ritchévouta pér lassicouratsióné pér favóré*

Il/La/Lo ... non funziona.	Le/La ... ne marche pas.
Non ho i pezzi di ricambio necessari.	Je n'ai pas les pièces de rechange nécessaires.
Devo ordinare i pezzi di ricambio.	Il faut que je commande les pièces.
Posso solo fare una riparazione provvisoria.	Je ne peux faire qu'une réparation temporaire.
La sua macchina è inservibile.	Ça ne vaut pas la peine de la faire réparer.
Non si può riparare.	On ne peut pas la réparer.
Sarà pronta ...	Elle sera prête ...
oggi più tardi	dans la journée
domani	demain
fra ... giorni.	dans ... jours

HEURES ➤ 220; *CHIFFRES* ➤ 216

1. feux arrière **i fanali posteriori**
2. feux rouges (des freins) **le luci dei freni**
3. coffre **il baule**
4. bouchon de réservoir (d'essence) **il tapo del serbatoio**
5. vitre **il lunotto**
6. ceinture de sécurité **la cintura di sicurezza**
7. toit ouvrant **il tetto apribile**
8. volant **il volante**
9. contact **l'accensione**
10. clé de contact **la chiave dell'accensione**
11. pare-brise **il parabrezza**
12. essuie-glaces **il tergicristallo**
13. jet lave-glace **i lavacristalli**
14. capot **il cofano**
15. phares **i fari/gli abbaglianti**
16. plaque d'immatriculation **la targa**
17. feu anti- brouillard **il fanale antinebbia**
18. clignotants **gli indicatori di posizione**
19. pare-choc **il paraurti**
20. pneus **i pneumatici**
21. enjoliveur **la coppa**
22. valve **la valvola**
23. roues **le ruote**
24. rétroviseur extérieur **lo specchietto retrovisore esterno**
25. fermeture centrale **la chiusura centralizzata**
26. serrure **la serratura**
27. jante **il cerchione**
28. pot d'échappement **il tubo di scappamento**
29. compteur kilométrique **il conta chilometri**
30. feu de détresse **le luci d'emergenza**
31. jauge de carburant **l'indicatore della benzina**
32. compteur de vitesse **l'indicatore di velocità**

90

33 jauge d'huile **l'indicatore del livello dell'olio**

34 feux de recul **le luci di retromarcia**

35 roue de secours **il pneumatico/ la gomma di ricambio**

36 starter **il starter**

37 chauffage **l'impianto di riscaldamento**

38 colonne de direction **il piantone di guida**

39 accélérateur **l'acceleratore**

40 pédale **il pedale**

41 embrayage **la frizione**

42 carburateur **il carburatore**

43 batterie **la batteria**

44 alternateur **l'alternatore**

45 arbre à cames **l'albero a camme**

46 filtre à air **il filtro dell'aria**

47 distributeur **il distributore**

48 bougies **le candele**

49 durite **il tubo del radiatore**

50 radiateur **il radiatore**

51 ventilateur **il ventilatore**

52 moteur **il motore**

53 filtre à huile **il filtro dell'olio**

54 démarreur **il motorino d'avviamento**

55 courroie de ventilateur **la cinghia del ventilatore**

56 klaxon **il claxon**

57 plaquettes de freins **la ganascia freno**

58 boîte de vitesses **la scatola cambio**

59 freins **i freni**

60 amortisseurs **gli ammortizzatori**

61 fusibles **i fusibili**

62 levier de vitesses **la leva di cambio**

63 frein à main **il freno a mano**

64 silencieux **il silenziatore**

Accidents Incidenti

En cas d'accident:

1. Placez votre triangle de signalisation à une distance d'environ 100 mètres derrière votre voiture;

2. Signalez l'accident à la police (obligatoire en cas de blessure corporelle); ne quittez pas les lieux avant son arrivée;

3. Présentez votre permis de conduire et votre carte verte;

4. Déclinez vos nom, adresse, compagnie d'assurance à l'autre partie;

5. Signalez l'accident au bureau d'assurance approprié de l'autre partie, ainsi qu'à votre propre compagnie;

6. Ne faites aucune déclaration écrite sans le conseil d'un avocat ou d'un administrateur de club automobile;

7. Notez tous les détails pertinents relatifs à l'autre partie, ou à tout témoin indépendant de l'accident.

Il y a eu un accident.	**C'è stato un incidente.** *tché stâto oun intchidénté*
Il est à …	**È … é**
sur l'autoroute	**sull'autostrada** *soullaoutostrâda*
près de …	**vicino a …** *vitchîno a*
Où est le téléphone le plus proche?	**Dov'è il telefono più vicino?** *dové il téléfono piou vitchîno*
Téléphonez à …	**Chiami … kiâmi**
la police	**la polizia/i carabinieri** *la politsia/i carabignééri*
une ambulance	**un'ambulanza** *oun amboulanntsa*
un docteur	**un medico** *oun médico*
les pompiers	**i pompieri/i vigili del fuoco** *i pompiééri/i vidjili dél fouoco*
Pourriez-vous m'aider, s.v.p.?	**Mi aiuti, per favore!** *mi aiouti pér favôré*

Blessures Ferite

Il y a des blessés.	**Ci sono dei feriti.** *tchi sôno déi férîti*
Il n'y a pas de blessé.	**Non ci sono feriti.** *nonn tchi sôno férîti*
Il est grièvement blessé.	**È gravemente ferito.** *é gravéménté férito*
Elle a perdu connaissance.	**Ha perso conoscenza.** *a pérso conochéntsa*

92

MEDECIN ➤ 163 DIRECTIONS ➤ 94

Questions de droit Questioni legali

Quelle est votre compagnie d'assurance?
Qual'è la sua compagnia d'assurazione? *coualé la soua compagnia dassicouratsiọné*

Quels sont vos nom et adresse?
Qual'è il suo nome e il suo indirizzo? *coualé il soua nomé é il soua indiritso*

Il m'est rentré dedans.
Mi ha investito. *mi a invéstito*

Il/elle conduisait trop vite/ trop près.
Stava guidando troppo veloce/troppo vicino. *stâva gouidanndo troppo vélotché/ troppo vitchino*

J'avais la priorité.
Avevo la precedenza. *avéévo la prétchédéntsa*

Je ne faisais que … kilomètres à l'heure.
Guidavo solo a … chilometri all'ora. *gouidâvo solo a … kilométri allora*

Je voudrais un interprète.
Vorrei un interprete. *vorréi oun intérprété*

Je n'ai pas vu le panneau.
Non ho visto il segnale. *nonn o visto il ségnâlé*

Le numéro d'immatriculation était …
Il numero di targa era … *il noumérọ di targa éra*

Mi faccia vedere … per favore.	Est-ce que je peux voir votre … s.v.p.
la patente di guida	permis de conduire
la polizza d'assicurazione	police d'assurance
i documenti del veicolo.	carte grise
A che ora è successo?	A quelle heure est-ce que ça s'est passé?
Dove è successo?	Où est-ce que ça s'est passé?
C'erano altre persone coinvolte?	Est-ce qu'il y avait quelqu'un d'autre d'impliqué?
Ci sono testimoni?	Est-ce qu'il y a des témoins?
Lei stava accelerando.	Vous alliez trop vite.
Le sue luci non funzionano.	Vos feux ne marchent pas.
Deve pagare un'ammenda/ una multa ora.	Vous devez payer une amende (sur place).
Deve fare una dichiarazione in Commissariato.	Vous devez venir au commissariat pour faire une déposition.

POLICE ➤ 161; *HEURES* ➤ 220

93

Demander son chemin
Chiedere la strada

Excusez-moi, s.v.p.	**Scusi, per favore.** _scoûzi pér favôré_
Pour aller à …?	**Come si arriva a …?** _comé si arriva a_
Où est …?	**Dov'è … ?** _dové_
Est-ce que vous pouvez me montrer où je suis sur la carte?	**Può indicarmi dove sono sulla carta?** _pouò indicârmi dové sôno soulla carta_
Je me suis perdu(e).	**Mi sono perso/smarrito.** _mi sôno pérso/ smarrito_
Est-ce que vous pouvez répéter?	**Può ripetere, per favore?** _pouò ripétéré pér favôré_
Plus lentement, s.v.p.	**Più lentamente, per favore.** _piou léntaménté pér favôré_
Merci pour votre aide.	**Grazie (per il suo aiuto).** _grâtsié (pér il souo aiouto)_

Voyager en voiture Viaggiare in automobile

Est-ce que c'est bien la bonne route pour …?	**È questa la strada per …?** _é couésta la strâda pér_
… c'est loin d'ici?	**È lontano … da qui?** _è lonntâno … da coui_
Où mène cette route?	**Dove porta questa strada?** _dové porta couésta strâda_
Comment est-ce que je peux accéder à l'autoroute?	**Come si entra in autostrada?** _comé si éntra inn aoutostrâda_
Comment s'appelle la prochaine ville?	**Come si chiama la prossima città?** _comé si kiâma la prossima tchitta_
Il faut combien de temps en voiture?	**Quanto tempo ci vuole in macchina?** _couannto témpo tchi vouôlé in makkina_

> – Scusi, per favore. Come si arriva all'ospedale?
> (Excusez-moi, s.v.p. Pour aller à l'hôpital?)
> – _Prenda la terza svolta a sinistra ed è sempre diritto._
> _(Prenez la troisième route à gauche et c'est tout droit.)_
> – La terza a sinistra. È lontano? (La troisième à gauche. C'est loin?)
> – _È circa due chilometri. (C'est à environ 2 km.)_
> – Grazie. (Merci.)
> – _Prego. (De rien.)_

Emplacement/Situation Posizione geografica

È ...	C'est ...
(sempre) diritto	tout droit
a sinistra/a destra	à gauche/à droite
dall'altro lato della strada	de l'autre côté de la rue
all'angolo	au coin
dietro l'angolo	après le coin
in direzione di ...	en direction de ...
di fronte .../dietro ...	en face de .../derrière ...
vicino a .../dopo ...	à côté de .../après ...
Scenda ...	Descendez ...
la strada laterale	la rue transversale
la strada principale	la rue principale
Attraversi ...	Traversez la/le ...
la piazza/il ponte	place/pont
Prenda a terza svolta a destra.	Prenez la troisième route à droite.
Giri a sinistra ...	Tournez à gauche ...
dopo il primo semaforo	après les premiers feux
al secondo incrocio	au deuxième carrefour

En voiture In auto/macchina

È ... da qui	C'est ... d'ici.
al nord/al sud	au nord/au sud
all'est/all'ovest	à l'est/à l'ouest
Prenda la strada per ...	Prenez la route de ...
È sulla strada sbagliata.	Vous êtes sur la mauvaise route.
Deve ritornare a ...	Vous devez retourner à ...
Segua le indicazioni per ...	Suivez les panneaux vers ...

C'est loin? È lontano?

È ...?	C'est ...?
vicino/lontano	près d'ici/loin
a cinque minuti a piedi	à 5 minutes à pied
a dieci minuti in auto	à 10 minutes en voiture
a circa dieci chilometri	à environ 10 kilomètres

HEURES ➤ *220; CHIFFRES* ➤ *216*

Panneaux Segnaletica

ACCESSO LIMITATO	sauf riverains
PERCORSO ALTERNATIVO	itinéraire bis
DEVIAZIONE	déviation
METTERSI IN CORSIA	prenez la bonne file
DARE LA PRECEDENZA	cédez le passage
PONTE BASSO	hauteur limitée
SENSO UNICO	sens unique
STRADA CHIUSA	route barrée
SCUOLA	école
ACCENDERE I FARI	allumez vos phares

Plans de villes Carte della città

aeroporto (m)	éroporto	aéroport
attraversamento (m) pedonale	attravérsaménto pédonâlé	passage piétons
campo (m) sportivo	campo sportivo	terrain de sports
chiesa (f)	kiééza	église
cinema (m)	tchinéma	cinéma
città (f) storica	tchitta storica	vieille ville
commissariato (m)	commissariâto	commissariat
edifici (mpl) pubblici	édifitchi poublitchi	bâtiment public
fermata (f) d'autobus	férmâta daoutobouss	arrêt d'autobus
gabinetti (mpl)	gabinétti	cabinets
Lei è qui	léi é coui	vous êtes ici
parcheggio (m)	pârkédjo	parking
parco (m)	parco	parc
percorso (m) d'autobus	pércorso daoutobouss	itinéraire des bus
posteggio (m) tassi	postedjo tassi	station de taxi
sottopassaggio (m)	sottopassadjo	passage souterrain
stadio (m)	stadio	stade
stazione (f) (metropolitana)	statsiôné (métropolitana)	station de métro
ufficio (m) postale	uffitchio postâle	bureau de poste
via (f) principale	via printchipâlé	rue principale
zona (f) pedonale	dzona pédonnâlé	zone piétonnière

Visites Touristiques

Office du tourisme Ufficio turistico

Les offices du tourisme sont souvent situés en centre-ville; cherchez le **ufficio turistico**.

Où est l'office du tourisme?	**Dov'è l'ufficio turistico?** *do__vé__ lou__ffitcho__ tou__ri__stico*
Qu'est-ce qu'il y a d'intéressant à voir?	**Quali sono i punti principali d'interesse?** *cou__â__lé __sô__no i __poun__ti prinntchip__â__li dinntér__é__ssé*
Nous restons …	**Siamo qui per …** *si__â__mo cou__i__ pér*
seulement quelques heures	**solo poche ore** *__sô__lo __po__ké __ô__ré*
une journée	**un giorno** *oun d__jo__rno*
une semaine	**una settimana** *__ou__na sétt__imâ__na*
Pouvez-vous me/nous suggérer …?	**Può suggerire …?** *pou__o__ soudjér__î__ré*
une visite touristique	**un giro turistico** *oun d__ji__ro tou__ri__stico*
une excursion	**una escursione** *__ou__na éscoursi__ô__né*
une promenade en bateau	**una gita in barca** *__ou__na d__ji__ta inn __ba__rca*
Avez-vous des renseignements sur …?	**Ha informazioni su …?** *a innformatsi__ô__né sou*
Y a-t-il des voyages à …?	**Ci sono gite a …?** *tchi __sô__no d__ji__té a*

Excursions   Escursioni

Combien coûte cette excursion?	**Quanto costa il giro?** *couannto costa il djîro*
Le déjeuner est-il compris?	**Il pranzo è compreso?** *il pranndzo é commpréézo*
D'où partons-nous?	**Da dove si parte?** *da dôvé si parté*
A quelle heure commence l'excursion?	**A che ora comincia la gita?** *a ké ôra comminntcha la djita*
A quelle heure revenons-nous?	**A che ora si ritorna?** *a ké ôra si ritorna*
Est-ce que nous aurons du temps libre à …?	**C'è del tempo libero a …?** *tché dél témpo libéro a*
Y a-t-il un guide qui parle français?	**C'è una guida di lingua francese?** *tché ouna gouida di linngoua franntchéésé*

En excursion   Durante la gita turistica

Est-ce que nous allons voir …?	**Andiamo a vedere …?** *anndiâmo a védééré*
Nous aimerions jeter un coup d'œil à …	**Vorremmo dare un'occhiata a …** *vorrémmo dâré ounokiâta a*
Est-ce que nous pouvons nous arrêter ici …?	**Possiamo fermarci qui …?** *possiâmo férmârtchi coui*
pour prendre des photos	**per prendere fotografie** *pér préndéré fotografié*
pour acheter des souvenirs	**per comprare dei ricordi** *pér commprâré déi ricordi*
pour aller aux toilettes	**per la toletta/il gabinetto** *pér la tolétta/il gabinnétto*
Pourriez-vous nous prendre en photo, s.v.p.?	**Le dispiace prendere una fotografia di noi?** *lé dispiâtché préndéré ouna fotografia di noi*
Combien de temps avons-nous ici/à …?	**Quanto tempo abbiamo qui/a …?** *couannto témpo abbiâmo coui/a*
Attendez! … n'est pas encore là!	**Aspetti! … non è ancora ritornato(-a).** *aspétti nonn é anncôra ritornâto(-a)*

Attractions touristiques
Luoghi d'interesse turistico

Les plans de villes sont affichés dans les centre-villes, dans les trains, les trams et dans de nombreuses stations de bus, ainsi que dans les offices du tourisme.

Où est le/la/l'/les ...?	**Dov'è ...?** *dové*
abbaye	**l'abbazia** *labb<u>a</u>tsia*
belvédère	**il belvedere** *il bélvéd<u>é</u>éré*
cathédrale	**la cattedrale/il duomo** *la catté<u>drâ</u>lé/il dou<u>ô</u>mo*
champ de bataille	**il campo della battaglia** *il <u>ca</u>mmpo <u>dé</u>lla batt<u>a</u>lya*
château	**il castello** *il cast<u>é</u>llo*
centre-ville	**il centro città** *il <u>tché</u>ntro tchit<u>a</u>*
cimetière	**il cimitero** *il tchimmit<u>é</u>éro*
église	**la chiesa** *la ki<u>é</u>éza*
fontaine	**la fontana** *la fonnt<u>â</u>na*
galerie de peinture	**la galleria d'arte** *la gall<u>é</u>ria <u>da</u>rté*
jardin botanique	**il giardino botanico** *il djar<u>di</u>no bot<u>a</u>nico*
marché	**il mercato** *il mérk<u>â</u>to*
monastère	**il monastero** *il monnast<u>é</u>éro*
monument (aux morts)	**il monumento commemorativo** *il monnoum<u>é</u>nto commémorat<u>i</u>vo*
musée	**il museo** *il mouz<u>é</u>éo*
opéra	**il teatro dell'opera** *il t<u>é</u>atro déll<u>o</u>péra*
palais	**il palazzo** *il pal<u>a</u>tso*
parc	**il parco/il giardino** *il <u>pa</u>rco/il djar<u>di</u>no*
parlement	**il palazzo del Parlamento** *il pal<u>â</u>tso dél parlam<u>é</u>nto*
ruines	**le rovine** *lé rov<u>i</u>né*
rues commerçantes	**la zona dei negozi** *la <u>dzo</u>na <u>dé</u>i négo<u>tsi</u>*
statue	**la statua** *la <u>sta</u>toua*
vieille ville	**la città vecchia** *la tchit<u>a</u> v<u>é</u>kia*
Pouvez-vous me montrer sur la carte?	**Può indicarmi sulla carta?** *pou<u>o</u> inndic<u>a</u>rmi <u>sou</u>lla <u>ca</u>rta*

DIRECTIONS ➤ 94

Entrée Ammissione

Contrôlez les heures d'ouverture afin d'éviter toute déception: certains musées ferment leurs portes à 14 heures. Les églises sont généralement inaccessibles entre midi et 16 heures.

Est-ce que … est ouvert(e) au public?	**… è aperto(-a) al pubblico?** *é apérto(-a) al poûblico*
Est-ce que nous pouvons regarder?	**Possiamo dare un'occhiata in giro?** *possiâmo dâré ounokiâta inn djîro*
Quelles sont les heures d'ouverture?	**Qual'è l'orario di apertura?** *couâlé lorârio di apértoûra*
A quelle heure ferme-t-il?	**A che ora chiude?** *a ké ôra kioûdé*
Est-ce que … est ouvert(e) le dimanche?	**… è aperto(-a) la domenica?** *é apérto(-a) la doménica*
A quelle heure est la prochaine visite guidée?	**Quando è la prossima visita guidata?** *couanndo é la prossima vizita gouidâta*
Avez-vous un guide (en français)?	**Ha una guida (in francese)?** *a ouna gouida (inn franntchéésé)*
Est-ce que je peux prendre des photos?	**Posso fare fotografie?** *posso fâré fotografié*
Est-ce accessible aux handicapés?	**C'è accesso per disabili?** *tché atchésso pér disâbili*
Y a-t-il un guide audio en français?	**C'è una guida registrata in francese?** *tché ouna gouida rédjistrâta inn franntschéésé*

Paiement/Billets Pagare/Biglietti

Combien coûte l'entrée?	**Quant'è il biglietto d'ingresso?** *couannté il bilyétto dinngrésso*
Y a-t-il des réductions pour les …?	**Ci sono riduzioni/tariffe speciali per …?** *tchi sôno ridoutsiôni/ tariffé spétchâli pér*
enfants	**bambini** *bammbîni*
groupes	**gruppi** *grouppi*
handicapés	**disabili** *disâbili*
retraités	**anziani** *antsiâni*
1 adulte et 2 enfants, s.v.p.	**Un adulto e due bambini, per piacere.** *oun adoulto é doué bammbîni pér piatchééré*

> – Cinque biglietti, per favore. Ci sono tariffe speciali?
> (Cinq billets, s.v.p. Y a-t-il des réductions?)
> – Sì. Per bambini e anziani si paga a metà prezzo.
> (Oui. Pour les enfants et les personnes âgées,
> c'est moitié prix.)
> – Due adulti e tre bambini, per favore.
> (Deux adultes et trois enfants, s.v.p.)

INGRESSO GRATUITO	entrée gratuite
CHIUSO	fermé
ARTICOLI PER REGALO	souvenirs
L'ULTIMO INGRESSO È ALLE ORE DICIASSETTE	dernier billet à 17 h
LA PROSSIMA VISITA ALLE …	prochaine visite à …
INGRESSO VIETATO	défense d'entrer
VIETATO USARE IL FLASH	photos au flash interdites
APERTO	ouvert

Impressions Impressioni

C'est …	**È … é**
beau	**bello(-a)** _béllo(-a)_
bizarre	**bizzarro(-a)** _bitsarro(-a)_
ennuyeux	**noioso(-a)** _noiôzo(-a)_
époustouflant	**sensazionale** _sénsatsionâlé_
étrange	**strano(-a)** _strâno(-a)_
extraordinaire	**straordinario(-a)** _straordinârio(-a)_
fantastique	**splendido(-a)** _spléndido(-a)_
intéressant	**interessante** _inntéréssannté_
laid	**brutto(-a)** _broutto(-a)_
magnifique	**magnifico** _magnifico_
merveilleux	**meraviglioso(-a)** _méravilyôso(-a)_
romantique	**romantico(-a)** _romanntico(-a)_
stupéfiant	**stupefacente** _stoupéfatchénté_
superbe	**stupendo(-a)** _stoupéndo(-a)_
terrible	**terribile** _térribilé_
très amusant	**molto divertente** _molto divérténté_
On en a pour son argent.	**Ne vale la spesa** _né valé la spééza_
C'est du vol organisé.	**È una bidonata.** _é ouna bidonâta_
Ça me plaît.	**Mi piace.** _mi piâtché_

Glossaire touristique
Glossario turistico

acquaforte f gravure à l'eau forte
acquarello m aquarelle
affresco m fresque
ala f aile d'édifice
altare m retable
altorilievo m haut-relief
antichità fpl antiquités
appartamenti mpl **reali** appartements royaux
arazzi mpl tapisseries
arco m arc
arco m **rampante** arc rampant
arco m **trionfale** arc de triomphe
argenteria f argenterie
argento m argent
arma f arme
armatura f armure
armeria f armerie
artigianato m **d'arte** articles d'artisanat
atrio m atrium
auriga m aurige
badia f abbaye
basso m **rilievo** bas-relief
biblioteca f bibliothèque
biga f char
campanile m campanile
camposanto m cimetière
cancello m porte
capolavoro m chef-d'œuvre
Cena Cène
ceramica f céramique
ceramiche fpl poteries
chiesa f église
collezione f collection
completato nel ... achevé en
conferenza f conférence
contrafforte f contrefort
cornicione m corniche

coro m chœur (orchestre)
corona f couronne
cortile m cour
costruito(-a) construit en
cupola f dôme
d'oro en or
da par personne
dagherrotipo m daguerréotype
decorato(-a) da décoré par
decorazione f décoration
dettaglio m détail
dipinto m image
dipinto(-a) da peint par
disegnato(-a) da conçu par
disegno m conception, dessin
distrutto(-a) da détruit par
donato(-a) da donné par
dorato(-a) da doré
duomo m cathédrale
edificio m édifice
eretto(-a) nel/in érigé en
facciata façade
fibula f broche
finestra f **con vetro colorato** vitrail
fondato(-a) nel fondé en
fonte f source/fonts (baptismaux)
foro m forum
fossato m fossé
fregio m frise
frontone m fronton
garguglia f gargouille
giardino m **formale** jardin formel
gioielli mpl joyaux
guglia f flèche
imperatore m empereur
imperatrice f impératrice
in prestito a en prêt à
incisione f sculpture
ingresso m entrée
iniziò nel commencé en

liberto m esclave affranchi

maestà f majesté

marmo m marbre

mattone m brique

mobilia f/**mobili** mpl mobilier

moneta f pièce de monnaie

morto(-a) nel mort en

mostra f exposition

muro m mur

nato(-a) nel ... a ... mort en l'an ... à ...

navata f nef

oggetto m **esibito/in mostra** exposition

orecchini mpl boucles d'oreilles

orologio m horloge

padiglione m pavillon

paesaggio m peinture de paysage

palcoscenico m scène

paliotto m devant d'autel

Papato m papauté

pastello m pastel

piano m plan

pietà f pitié

pietra f pierre

pietra f **angolare** pierre d'angle

pietra f **preziosa** pierre précieuse

pietra f **tombale** pierre tombale

pilastro m pilastre, pilier

pittore m, **pittrice** f peintre

pittura f **murale** mural

pitture fpl **a olio** peinture à l'huile

placca f plaque

ponte m pont

porta f **d'ingresso** entrée

ponte m **levatoio** pont-levis

primo livello m niveau 1

quadro m **rappresenta** la peinture représente

re m roi

regina f reine

regno m règne

restaurato nel restauré en

ricostruito nel reconstruit en

ritratto m portrait

rocca m forteresse

rosone m rosace

rovine f ruines

ruderi fpl ruines

sagrestia f sacristie

salone m **per cerimonie** salle de cérémonies

scala uno: cento échelle 1:100

scala f escalier

scavi mpl fouilles

scena f **drammatica** tableau

schiavo m esclave

schizzo m croquis

scoperto(-a) nel découvert en

scultore m, **scultrice** f sculpteur

scuola f **di** école de

secolo m siècle

sette colli fpl Sept Collines

spalti mpl créneau

spina f **de pesce** arête de poisson

sporgente avant-toit

statua f **di cera** personnage en cire

tapezzerie fpl tapisserie

tela f toile

terme fpl thermes

tetto m toit

tomba f tombe

torre f tour

trittico m triptyque

vetrata f vitrail

vetro m verre

visse vécut

volta f voûte

zoccolo m socle, plinthe

Qui/Quoi/Quand?
Chi/Cosa/Quando?

Quel est ce bâtiment? **Cos'è quell'edificio?**
cosé couéllédifitcho

Quand a-t-il été construit/peint? **Quando fu costruito(-a)/dipinto(-a)?**
couanndo fou costrouito(-a)/dipinnto(-a)

Qui était … l'architecte/l'artiste? **Chi era …l'architetto/l'artista?** *ki éra larkitétto/lartista*

C'est quel style/quelle période? **Che stile/periodo è?** *ké stilé/périôdo é*

Roma repubblicana 500–27avant J.C.

Après des périodes d'influence étrusque (**etrusco**) et grecque (**ellenistico**) en Italie, Rome fut fondée en 753 avant J.C. La République fut déclarée en 509 avant J.C.; la cité étendit son empire pour devenir ce que l'on connaît aujourd'hui (en particulier au cours des guerres puniques contre les Carthaginois, au 2ème siècle avant J.C. environ; et grâce aux triomphes militaires de Jules César). L'assassinat de César (44 avant J.C.) entraîna la guerre civile.

Roma imperiale 27 avant J.C.–467 après J.C.

Le fils adoptif de César, Octave (Auguste), fut le premier empereur. A ses descendants (Tibère, Caligula, Claude, Néron) succédèrent les dynasties des Flaviens, des Antonins et de Sévère. Cette période d'expansion fut le témoin de grandes réalisations artistiques et architecturales. En 382, le christianisme fut établi comme religion d'état. Toutefois, le déclin s'amorça, l'empire fut scindé en deux et le pouvoir déplacé vers Constantinople. Les Goths et les Vandales pillèrent Rome, qui tomba aux mains des Ostrogoths.

Età Mediovale 467–1300

L'Italie resta fracturée, représentée par de puissantes familles telles que les Medicis, des Cités-Etats indépendantes comme Venise, un pouvoir croissant de la papauté (avec Rome comme capitale du christianisme occidental) de par le Saint empire romain (**Santo impero romano**). La participation étrangère (normande, allemande, française, espagnole et autrichienne) se prolongea en Italie au-delà du Moyen-âge, jusqu'au 19ème siècle.

Il Risorgimento 1815–1870

La réunification de l'Italie en tant que royaume unique fut accomplie par Victor Emmanuel II de Piémont en 1861, assisté de son ministre Cavour et par les exploits de Garibaldi. L'ultime étape de cette réunification fut la prise de Rome (1870).

20ème siècle

L'Italie combattit aux côtés des alliés pendant la première guerre mondiale, mais Benito Mussolini s'allia à Hitler pendant la deuxième guerre mondiale avec des conséquences dévastatrices. La République fut établie en 1946, marquée par une succession de gouvernements précaires. L'Italie fut l'un des membres fondateurs du Marché Commun en 1957.

Souverains/Gouvernements
Soverani/Governi

Romano 500 avant J.C.–467 après J.C.
Les Romains furent de grands bâtisseurs: de par l'Italie entière et l'Europe Occidentale, subsistent des vestiges de leurs forums, basiliques, arènes, amphithéâtres, marchés, cirques, bibliothèques, arcs de triomphe, catacombes, thermes, temples, aqueducs, ponts, remparts et mausolées.

Bizantino 400–1100
L'influence byzantine, venue de l'empire chrétien d'Orient mit l'accent sur la grandeur et le mystère avec de somptueux intérieurs décorés de mosaïques (cf. Ravenne; influence tardive également à Venise, en Sicile et à Rome).

Periodo gottico 1300–1400
Le style gothique fut caractérisé par des formes architecturales complexes, faisant usage d'arcs pointus et de voûtes nervurées (en particulier dans les cathédrales de Gêne et de Sienne, les ouvertures de fenêtres ornées des maisons vénitiennes, l'œuvre artistique de Giotto à Padoue, Assise et Florence).

Il Rinascimento 1400–1650
La Renaissance fut un mouvement culturel et artistique extrêmement important, empreint d'une fascination pour l'antiquité et d'une admiration pour la beauté, les couleurs, la lumière, la stabilité et l'équilibre. Elle fut marquée par une créativité artistique stupéfiante au cours du Quatrocento (15e siècle), ainsi qu'en témoignent les statues de Donatello, les peintures de Botticelli; et au cours du Cinquecento (16e siècle), avec des artistes tels que Michel-Ange, Léonard de Vinci, Raphaël et l'école vénitienne (Titien, Tintoret et El Greco).

Mannerismo 1550–1650
Le Maniérisme se délecta de frivolités et d'un usage exagéré des caractéristiques de la Renaissance (cf. Tivoli, Bomarzo, Caravaggio et Palladio).

Barocco e Rococò 1640–1789
Le Baroque mit l'accent sur le mouvement, recourant aux volutes et fioritures (cf. par exemple, la façade de Saint-Pierre à Rome, réalisée par Bernini; artistes: Canaletto et Bellotto).

Eglises Chiese
Essentiellement catholique, l'Italie regorge de cathédrales et d'églises. Demandez l'autorisation si vous désirez photographier; couvrez les épaules nues avant d'entrer.

église catholique/
protestante
mosquée/synagogue

la chiesa cattolica/protestante
la kiééza catolica/protestannté
la moschea/la sinagoga *la moskéa/la sinnagôga*

A quelle heure est la messe/
le culte?
Je voudrais me confesser.

A che ora è la messa/il servizio?
a ké ora é la messa/il sérvitsio
Vorrei confesarmi. *vorréi connféssarmi*

A la campagne In campagna

Je voudrais une carte de/des …	**Vorrei una carta di …** *vorréi ouna carta di*
cette région	**questa regione** *couésta rédjôné*
sentiers de randonnée	**percorsi a piedi** *pércorsi a piéédi*
circuits/pistes cyclables	**percorsi per ciclisti** *pércorsi pér tchiclisti*
Il y a combien de kilomètres jusqu'à …?	**Quanto dista fino a …?** *couannto dista fino a*
Y a-t-il un droit de passage?	**C'è diritto di passaggio?** *tché diritto di passâdjo*
Y a-t-il une route touristique pour aller à …?	**C'è una strada panoramica per …?** *tché ouna strâda pannorâmicoa pér*
Pouvez-vous me le montrer sur la carte?	**Puo indicarmi sulla carta?** *pouo inndicarmi soulla carta*
Je me suis perdu(e).	**Mi sono smarrito(-a).** *mi sôno smarito(-a)*

Promenades organisées Escursioni organizzate

A quelle heure commence la promenade?	**A che ora comincia la passeggiata/l'escursione?** *a ké ôra comminntcha la passédjâta/léscoursiôné*
Quand reviendrons-nous?	**Quando ritorneremo?** *couanndo ritornéréémo*
C'est quel genre de promenade?	**Com'è la passeggiata?** *comé la passédjâta*
facile/moyenne/difficile	**facile/di media difficoltà/difficile** *fatchilé/di média difficolta/diffitchilé*
Je suis épuisé(e).	**sono esausto(-a).** *sôno ésaousto(-a)*
C'est quel genre de …?	**Che tipo di … è quello?** *ké tipo di … é couéllo*
animal/oiseau	**animale/uccello** *animâlé/outchéllo*
fleur/plante/arbre	**fiore/pianta/albero** *fioré/piannta/albéro*

Caractéristiques géographiques
Aspetti geografici

aire de pique-nique — **l'area per pic nic** *lâréa pér piknik*

caverne / grotte — **la caverna/la grotta** *la cavérna/la grotta*

chaîne de montagnes — **la catena di montagne** *la caténa di monntâgné*

champ — **il campo** *il cammpo*

col (de montagne) — **il passo di montagna** *il passo di monntâgna*

colline — **la collina** *la collîna*

étang — **lo stagno** *lo stâgno*

falaise — **la scogliera/la rupe** *la scolyééra/la roupé*

ferme — **la fattoria/la cascina** *la fattoria/la cachîna*

forêt — **la foresta** *la forésta*

lac — **il lago** *il lâgo*

mer — **il mare** *il mâré*

montagne — **la montagna** *la monntâgna*

panorama — **il panorama/la vista** *il panorâma/la vista*

parc — **il parco** *il parco*

pic / cime — **il picco/la cima** *il pico/la tchîma*

point de vue — **il punto panoramico** *il pounnto panorâmico*

pont — **il ponte** *il ponnté*

rapides — **le rapide** *lé rapidé*

sentier / chemin — **il sentiero pedestre** *il séntiééro pédéstré*

réserve naturelle — **l'oasi naturale** *loâzi natourâle*

rivière / fleuve — **il fiume** *il fioûmé*

ruisseau / torrent — **il ruscello/il torrente** *il rouchéllo/il torrénté*

vallée — **la valle** *la vallé*

vigne — **la vite** *la vité*

village — **il villaggio** *il vilâdjo*

Loisirs

Qu'y a-t-il à voir? Cosa danno?

Les journaux locaux et, dans les grandes villes, les guides de loisirs hebdomadaires vous informeront du programme.

Les billets pour les concerts, les représentations théâtrales et autres événements culturels sont en vente dans les agences de spectacles spécialisées (par exemple, **Anteprima, Prenoticket, Prontobiglietto**) ou chez les principaux disquaires (par exemple, **Messaggerie Musicali, Ricordi**).

Avez-vous un programme des spectacles?	**Ha un programma delle manifestazioni?** *a oun programma déllé maniféstatsiôni*
Pouvez-vous me / nous suggérer …?	**Può suggerire un(a) buon(a) …?** *pouò soudjérîré oun(a) bouon(a)*
Y a-t-il un …?	**C'è …?** *tché*
ballet / concert	**un balletto/un concerto** *oun ballétto/oun conntchérto*
film	**un film** *oun film*
opéra	**un'opera** *ounopéra*

Disponibilité Disponibilità

A quelle heure commence-t-il?	**A che ora comincia?** *a ké ôra cominntcha*
A quelle heure finit-il?	**A che ora finisce?** *a ké ôra finiché*
Est-ce qu'il reste des places pour ce soir?	**Ci sono posti per questa sera?** *tchi sôno posti pér couésta sééra*
Où est-ce que je peux me procurer des billets?	**Dove si comprano i biglietti?** *dôvé si commprano i bilyétti*
Nous sommes …	**Siamo in …** *siâmo inn*

Billets Biglietti

Combien coûtent les places?

Quanto costano i posti?
couannto costano i posti

Avez-vous quelque chose de moins cher?

Ha qualcosa di meno caro?
a coualcôsa di mééno câro

Je voudrais réserver …

Vorrei prenotare … *vorréi prénotâré*

3 places pour dimanche soir

tre posti per domenica sera
tré posti pér doménica sééra

1 place pour vendredi en matinée

un posto per lo spettacolo di venerdì pomeriggio *oun posto pér lo spéttacolo di vénérdì pommérîdjo*

Qual è … della sua carta di credito?	Quel(le) est … de votre carte de crédit?
il numero	le numéro
il titolare	le nom
la data di scadenza	la date d'expiration
Venite a ritirare i biglietti … per favore.	Venez chercher les billets …, s.v.p.
alle … di sera	à … heures (du soir)
al banco prenotazioni	au bureau des réservations

Est-ce que je peux avoir un programme, s.v.p.?

Ha un programma, per piacere? *a oun programma pér piatchééré*

Où est le vestiaire?

Dov'è il guardaroba? *dové il gouardarôba*

– Buongiorno. Vorrei due biglietti per il concerto di questa sera.
(Bonjour. Je voudrais 2 billets pour le concert de ce soir.)
– *Sì, certo.* (Bien sûr.)
– Vorrei pagare con questa carta di credito.
(Je voudrais payer avec cette carte de crédit.)
– *Sì, certo.* (Bien sûr.)
– Bene, vorrei utilisare VISA.
(Bien, je voudrais utiliser le VISA.)
– *Grazie … fimi qui, per favore.*
(Merci … Signez ici, s.v.p.)

PRENOTAZIONI IN ANTICIPO	réservations
ESAURITO	complet
BIGLIETTI PER LO SPETTACOLO DI OGGI	billets pour aujourd'hui

CHIFFRES ➤ 216

Cinéma Cinema

Les films étrangers sont toujours doublés en italien, mais certains cinémas projettent des films en version originale.

L'Italie possède une prospère industrie cinématographique, avec des metteurs en scène célèbres tels que Fellini, Antonioni et Visconti, et plus récemment Bertolucci, les frères Taviani, Salvatores et Nanni Moretti. Si vous désirez un échantillon d'humour italien, essayez un film de Carlo Verdone.

Y a-t-il un cinéma multiplex près d'ici?	**C'è un cinema multisala qui vicino?** *tché oun tchinéma moultisâla couï vitchîno*
Qu'y a-t-il au cinéma ce soir?	**Cosa danno al cinema questa sera?** *cosa danno al tchinéma couésta sééra*
Est-ce que le film est doublé/ sous-titré?	**Il film è doppiato/ha i sottotitoli?** *il film é doppiâto/a i sottotitoli*
Est-ce que le film est en version originale française?	**Il film è in lingua originale francese?** *il film é in linngoua oridjinâlé franntchéésé*
Un/une ..., s.v.p.	**..., per favore.** *pér favôré*
boîte de pop-corn	**Una scatola del popcorn** *ouna scatola dél popcorn*
glace au chocolat	**Un pinguino** *oun pinngouîno*
hot dog	**Un cane caldo** *oun câné caldo*
boisson sans alcool	**Una bibita frizzante** *ouna bibita fritsannté*
petit/moyen/grand	**piccolo(-a)/medio(-a)/grande** *picolo(a)/médio(-a)/granndé*

Théâtre Teatro

Qu'est-ce qu'on joue au théâtre ...?	**Cosa danno al teatro ...?** *... osa danno al téatro*
Qui est l'auteur?	**Chi è il commediografo?** *ki é il commédiografo*
Pensez-vous que ça me plaira?	**Pensa che mi piacerà?** *pénsa ké mi piatchéra*
Je ne comprends pas beaucoup l'italien.	**Non capisco l'italiano molto bene.** *nonn capisco litaliâno molto bééné*

Opéra/Ballet/Danse
Opera/Balletto/Danza

Outre la Scala de Milan de renommée internationale, vous pourrez assister à d'excellentes productions dans les opéras de Bologne, Florence, Naples, Parme, Rome et Turin. Cherchez également des productions en plein air pendant l'été, souvent dans des ruines grecques et romaines.

Où est l'opéra?
Dov'è il teatro dell'Opera?
dové il téatro déllopéra

Qui est le compositeur/soliste?
Chi è il compositore/il (la) solista?
ki é il commpozitôré/il (la) solista

Faut-il être en tenue de soirée?
È necessario indossare abiti da sera?
é nétchéssârio inndossâré
abiti da sééra

Qui est-ce qui danse?
Chi sono i ballerini?
ki sôno i ballérîni

Je m'intéresse à la danse contemporaine.
Mi interessa la danza contemporanea.
mi inntéréssa la danntsa conntémporânéa

Musique/Concerts Musica/Concerti

Où est la salle de concerts?
Dov'è la sala concerti?
dové la sâla conntchérti

Quel orchestre/groupe joue?
Che orchestra/gruppo suona?
ké orkéstra/groupo souôna

Qu'est-ce qu'ils jouent?
Che cosa suonano?
ké côsa souônano

Qui est le chef d'orchestre/ le soliste?
Chi è il direttore d'orchestra/il (la) solista?
ki é il diréttôré dorkéstra/il (la) solista

Qui est le groupe en lever de rideau?
Chi è il gruppo di supporto?
ki é il grouppo di soupporto

J'aime beaucoup le/la …
Mi piace molto … *mi piâtché molto*

musique folk
la musica folcloristica
la mouzica folkloristica

jazz
il jazz *il djaz*

musique pop
la musica pop *la mouzica pop*

musique rock
il rock *il rock*

musique soul
la musica soul *la mouzica soul*

musique blues
il blues *il bloûz*

Vie nocturne   Vita notturna

Qu'est-ce qu'il y a à faire le soir?	**Cosa c'è da fare di sera?** _côsa tché da fâré di sééra_
Pouvez-vous me/nous suggérer un(e) …?	**Può suggerire …?** _pouo soudjérîré_
Est-ce qu'il y a un(e) … en ville?	**C'è … in città?** _tché … inn tchitta_
bar	**un bar** _oun bar_
casino	**un casinò** _oun cazino_
discothèque/boîte (de nuit)	**una discoteca/un notturno** _ouna discotéca/oun notourno_
club gay	**un locale gay** _oun locâlé ghé_
night-club	**un nightclub** _oun «nightclub»_
restaurant	**un ristorante** _oun ristorannté_
Quel genre de musique jouent-ils?	**Che tipo di musica suonano?** _ké tipo di mouzica souônano_
Comment est-ce que je peux m'y rendre?	**Come si arriva?** _cômé si arrîva_

Entrée Ammissione

A quelle heure commence le spectacle?	**A che ora comincia lo spettacolo?** _a ké ôra cominntcha lo spéttâcolo_
Faut-il être en tenue de soirée?	**È necessario l'abito da sera?** _é nétchéssârio labito da sééra_
Faut-il payer le couvert?	**Si deve pagare il coperto?** _si déévé pagâré il copérto_
Faut-il réserver?	**Si deve prenotare?** _si déévé prénotâré_
Est-il nécessaire d'être adhérents?	**È necessario essere soci?** _é nétchéssârio ésséré sotchi_
Combien de temps devrons-nous attendre?	**Per quanto tempo si deve aspettare?** _pér couannto témpo si déévé aspéttâré_
Je voudrais une table près de la fenêtre.	**Vorrei un tavolo vicino alla finestra.** _vorréi oun tâvolo vittchîno alla finnéstra_

È COMPRESA UNA BIBITA GRATUITA	une boisson gratuite comprise

HEURES ➤ 220; TAXI ➤ 84

Enfants Bambini

Pouvez-vous recommander
quelque chose pour les enfants?
**Può suggerire qualcosa
per i bambini?**
*pouo soudjérīré
coualcôsa pér i bammbîni*

Où peut-on changer les
couches (de bébé)?
Dove si possono cambiare i pannolini?
*dôvé si possono cammbiâré
i pannolîni*

Où sont les toilettes?
Dove sono le tolette/i gabinetti?
dôvé sôno lé tolétté/i gabinétti

salle de jeux
la sala da giochi
la sâla da djoki

fête (foraine)
la fiera *la fiéra*

pataugeoire
la piscina per bambini
la pichîna pér bammbîni

cour de récréation
il parco giochi *il parco djoki*

jardin d'enfants
un club per bambini/un miniclub *oun
club pér bammbîni/oun miniclub*

zoo
il zoo *il dzô*

Garde d'enfants Servizio di babysitter

Pouvez-vous recommander une
baby-sitter?
Può raccomandare una babysitter?
pouo racommanndâré ouna bébysittér

Sont-ils surveillés tout le temps?
C'è sorveglianza continua?
tché sorvélyântsa conntinoua

Le personnel est-il qualifié?
Il personale è addestrato?
li pérsonâlé é addéstrâto

A quelle heure est-ce que je
peux les amener?
Quando posso lasciarli(-le)?
couanndo posso lachiârli(-lé)

Je viendrai les chercher à …
Li (Le) passo a prendere alle …
li (lé) passo a préndéré allé

Je reviens à …
Ritorno alle … *ritorno allé*

Elle a 3 ans et il a 18 mois.
Lei ha tre anni e lui ha diciotto mesi.
léi a tré anni é loui a ditchiotto méézi

Sports Sport

Le football, le tennis, la boxe, la lutte, le surf et le cyclisme, ainsi que les courses de voitures et de chevaux figurent parmi les sports les plus populaires pour les spectateurs. Si vous aimez la voile, la pêche, l'équitation, le golf, le tennis, les randonnées, le cyclisme, la natation ou le golf, les occasions ne manqueront pas pour vous de satisfaire votre penchant récréatif.

il calcio *il caltchio*

Le football est une grande passion en Italie, qui peut probablement se prévaloir du meilleur championnat du monde (Série A), avec des équipes du calibre de la Juventus (Turin), l'Inter de Milan, l'AC Milan, Rome et la Sampdoria (Florence). Les fans soutiennent leur équipe avec une telle ferveur qu'une atmosphère palpitante règne pendant les matchs. En outre, les stades de Rome (**Stadio Olimpico**), de Milan (**Stadio San Siro**) et de Naples (**Stadio del Vomero**) sont particulièrement impressionnants.

En spectateurs I spettatori

Y a-t-il un match de football ce soir?	**C'è una partita di calcio questa sera?** *tché ouna partita di caltcho couésta sééra*
Quelles sont les équipes?	**Quali squadre giocano?** *couáli scouâdré djocano*
Pouvez-vous me procurer un ticket?	**Può comprarmi un biglietto?** *pouo commprârmi oun bilyétto*
Combien coûte l'entrée?	**Quanto costa l'entrata?** *couannto costa léntrâta*
Où est l'hippodrome?	**Dov'è l'ippodromo?** *dové lippodromo*
Où est-ce que je peux faire un pari?	**Dove si scommette?** *dôvé si scommétté*
Quelle est la cote de …?	**Qual'è il pronostico su ….?** *couâlé il pronostico sou*
athlétisme	**l'atletica** *l'atlética*
basket(ball)	**la pallacanestro** *la pallacanéstro*
cyclisme	**il ciclismo** *il tchiclismo*
golf	**il golf** *il golf*
courses de chevaux	**l'ippica** *lipica*
football	**il calcio** *il caltchio*
natation	**il nuoto** *nouoto*
tennis	**il tennis** *ténnis*
volley(ball)	**il pallavolo** *pallavollo*

114

Pour les sportifs Per le persone sportive

Où est le/la … le/la plus proche?	**Dov'è … più vicino(-a)?**
	dové … piou vitchîno(-a)
terrain de golf	**il campo di golf**
	il cammpo di golf
club sportif	**la palestra sportiva**
	la paléstra sportîva
Où sont les courts de tennis?	**Dove sono i campi da tennis?**
	dôvé sôno i cammpi da tennis
Combien ça coûte par …?	**Quanto costa per …?** *couannto costa pér*
jour/partie/heure	**giorno/giro (partita)/ora**
	djôrno/djiro (partita)/ôra
Faut-il être adhérents?	**È necessario essere soci?**
	é nétchéssârio ésséré sotchi
Où est-ce que je peux louer un(e)/du/des …?	**Dove posso noleggiare …?**
	dôvé posso nolédjâré
chaussures	**gli scarponi** *lyi scarpôni*
clubs (de golf)	**le mazze** *lé matsé*
matériel	**l'attrezzatura** *lattrétsatoûra*
raquette	**una racchetta** *ouna rakétta*
Est-ce que je peux prendre des leçons?	**Posso prendere qualche lezione?**
	posso préndéré coualké létsiôné
Avez-vous une salle d'entraînement?	**C'è una sala di allenamento?**
	tché ouna sâla di allénamménto
Est-ce que je peux participer?	**Posso partecipare?**
	posso partétchipâré

Mi dispiace, è tutto prenotato.	Je regrette, nous sommes complets.
C'è una caparra/un anticipo di …	Il faut verser … de caution.
Che taglia/che misura ha ?	Quelle pointure faites-vous?
Deve avere una fotografia formato passaporto.	Il vous faut une photo d'identité.

SPOGLIATOI	vestiaires
PESCA VIETATA	pêche interdite
RISERVATO AI DETENTORI DI LICENZA	permis obligatoire

A la plage In spiaggia

L'Italie abonde de plages et de stations balnéaires, tandis que vous trouverez sans difficulté une crique déserte située à proximité, afin d'y savourer des instants de quiétude. Les centres les plus développés proposent une gamme complète d'équipements pour les sports nautiques. Presque toutes les plages disposent de zones de baignade privées, où vous pouvez louer des cabines, des chaises longues et des lits de bronzage. Les garçons de plage (**bagnini**) sont souvent également sauveteurs, se distinguant par un short rouge et un gilet de sauvetage. Le drapeau rouge signifie mer agitée, le drapeau blanc mer calme et baignade sans risque.

Est-ce que c'est une plage …?	**La spiaggia è …?** *la spiâdja é*
de galets/de sable	**pietrosa/sabbiosa** *piétrôsa/sabbiôsa*
Y a-t-il un(e) … ici?	**C'è … qui?** *tché … coui*
piscine pour enfants	**una piscina per bambini** *ouna pichîna pér bammbîni*
piscine …	**una piscina …** *ouna pichîna*
couverte/en plein air	**invernale/all'aperto** *innvérnâlé/allapérto*
Est-ce qu'on peut se baigner/ plonger ici sans danger?	**Si può nuotare/tuffare senza pericolo?** *si pouo nouotâré/touffâré séntsa péricolo*
Est-ce sûr pour les enfants?	**È sicuro per i bambini?** *é sicoûro pér i bammbîni*
Y a-t-il un maître-nageur?	**C'è un bagnino?** *tché oun bagnîno*
Je voudrais louer un/une/des …	**Vorrei noleggiare …** *vorréi nolédjâré*
canot automobile	**una barca a motore** *ouna barca a motoré*
chaise longue	**una sedia a sdraio** *ouna séédia a sdraio*
équipement de plongée (sous-marine)	**attrezzature da sub** *attrétsatoûré da soub*
parasol	**un ombrellone** *oun ombréllôné*
planche de surf	**una tavola da surf** *ouna tâvola da surf*
jetski	**una moto acquatica** *ouna moto acouatica*
skis nautiques	**degli sci d'acqua** *délyi chî dacoua*
Pendant … heures.	**Per … ore.** *pér … ôré*

Ski Sci

Les conditions de ski sont excellentes pour les enthousiastes, tant pour les débutants que pour les spécialistes, dans les Dolomites et les Alpes italiennes (Val d'Aoste); plus au sud, les Apennins offrent également des possibilités aux skieurs.

Est-ce qu'il y a beaucoup de neige?	**C'è molta neve?** *tché molta néévé*
Comment est la neige?	**Com'è la neve?** *comé la néévé*
lourde/verglacée	**spessa/ghiacciata** *spéssa/ghiatchâta*
poudreuse/mouillée	**farinosa/bagnata** *farinnôsa/bagnâta*
Je voudrais louer des …	**Vorrei noleggiare …** *vorréi nolédjâré*
bâtons	**i bastoncini** *i bastonntchîni*
patins (à glace)	**i pattini (da ghiaccio)** *i pattîni (da ghiatcho)*
chaussures de ski	**gli scarponi (da sci)** *lyi scarpôni (da chî)*
skis	**gli sci** *lyi chî*
Ils sont trop …	**Questi(-e) sono troppo …** *couésti(-é) sôno troppo*
grands/petits	**grandi/piccoli(e)** *granndi/picoli(-é)*
Ils ne sont pas confortables.	**sono scomodi(-e).** *sôno scomodi(-é)*
Un forfait remonte-pente pour une journée/cinq jours, s.v.p.	**Una tessera per la sciovia per un giorno/cinque giorni, per favore.** *ouna tésséera pér la chiovia pér oun djorno/tchinncoué djorni pér favôré*
Je voudrais m'inscrire à l'école de ski.	**Vorrei inscrivermi alla scuola sci.** *vorréi innscrivérmi alla scouôla chi.*
Je suis débutant.	**Sono un principiante.** *sôno oun prinntchipiannté*
J'ai de l'expérience.	**Ho esperienza.** *o éspériéntsa*

LA FUNIVIA	téléphérique/œufs
LA SEGGIOVIA	télésiège
LA SCIOVIA	remonte-pente/tire-fesses

Présentations Presentazioni

Les présentations varient selon votre degré de connaissance de la personne. Voici un guide:

La politesse consiste à serrer la main, aussi bien lorsque vous rencontrez votre interlocuteur que quand vous en prenez congé.

Entamez toute conversation formelle avec quelqu'un, qu'il s'agisse d'un vendeur ou d'un agent de police, en disant **Buongiorno**.

Ciao! est une expression familière, universelle, signifiant à la fois «salut, bonjour» et «salut, à la prochaine».

En italien, deux formes servent à exprimer la deuxième personne (prenant différentes formes verbales): **tu** (singulier) et **voi** (pluriel) sont employés pour s'adresser à des membres de la famille, amis proches et enfants (ainsi qu'entre jeunes gens).

Lei (singulier) et **loro** (pluriel) sont utilisés dans tous les autres cas (avec la troisième personne du singulier/pluriel du verbe).

Bonjour, nous ne nous connaissons pas?	**Buongiorno, non ci conosciamo?** _bouonndjorno nonn tchi connochiâmo_
Je m'appelle …	**Sono …** _sôno_
Puis-je vous présenter …?	**Posso presentarle …?** _posso présentârlé_
Enchanté. Très heureux(-se).	**Piacere/Molto lieto(-a).** _piatchééré/molto liééto(-a)_
Comment vous appelez-vous?	**Come si chiama?** _cômé si kiâma_
Comment allez-vous?	**Come sta?** _cômé sta_
Très bien, merci, et vous?	**Bene, grazie, e Lei?** _bééné grâtsié é léi_

> – Buongiorno, signora. Come sta?
> (Bonjour, madame. Comment allez-vous?)
> – _Molto bene, grazie e Lei?_
> _(Très bien, merci. Et vous?)_
> – Bene, grazie.
> (Bien, merci.)

D'où êtes-vous ? Da dove viene?

D'où venez-vous ?	**Da dove viene?**
	da dôvé viééné
Où êtes-vous né(e)?	**Dove è nato(-a)?**
	dové é nâto(-a)
Je viens de (la)/du/de …	**Vengo …** *véngo*
Belgique	**del Belgio** *dél béldjio*
Canada	**del Canada** *dél cannada*
France	**della Francia** *délla franntchia*
Luxembourg	**del Lussemburgo** *dél loussémbourgo*
Suisse	**della Svizzera** *délla svidzéra*
Afrique	**del Africa** *dél africa*
Antilles	**delle Antille** *déllé antilyé*
Où habitez-vous?	**Dove vive?** *dôvé vîvé*
Vous êtes de quelle région de …	**Da quale parte … viene?**
	da couâlé parté … viééné
Italie	**dell'Italia** *déllitâlia*
Sicile	**della Sicilia** *délla sitchilia*
Nous venons ici tous les ans.	**Veniamo qui ogni anno.**
	véniâmo coui ogni anno
C'est la première fois que je viens/nous venons.	**È la mia/nostra prima visita.** *é la mia/nostra prîma vizita*
Est-ce que vous êtes déjà allé(é)s …?	**È già stato …?** *é djia stâto*
en France/au Canada	**nella Francia/nel Canada**
	nella franntchia/nel cannada
Ça vous plaît ici?	**Le piace questo posto?**
	lé piâtché couésto posto
Que pensez-vous de …?	**Cosa pensa di …?** *côsa pénsa di*
J'adore le/la … ici.	**Mi piace molto il/lo/la … qui.**
	mi piâtché molto il/lo/la … coui
Je n'aime pas beaucoup la/les … ici.	**Non mi piace molto … qui.** *nonn mi piâtché molto coui*
cuisine/gens	**la cucina/la gente**
	la coutchîna/la djénté

119

Avec qui êtes vous?/La famille
Con chi è?/La famiglia

Avec qui êtes-vous?	**Con chi è?** *conn ki é*
Je suis tout(e) seul(e).	**Sono(da) solo(a).** *sôno(da) sôlo(a)*
Je suis avec un(e) ami(e).	**Sono con un amico/un'amica.** *sôno conn oun amico/ounamica*
Je suis avec mon/ma/mes ...	**Sono con ...** *sôno conn*
femme	**mia moglie** *mia molyé*
mari	**mio marito** *mio marito*
famille	**la mia famiglia** *la mia familya*
enfants	**i miei figli** *i miéi filyi*
parents	**i miei genitori** *i miéi djénitôri*
mon amie	**il mio ragazzo/la mia ragazza** *il mio ragatso/la mia ragatsa*
père/fils	**mio padre/figlio** *mio padré/filyo*
mère/fille	**mia madre/figlia** *mia madré/filya*
frère/oncle	**mio fratello/mio zio** *mio fratéllo/mio dzio*
sœur/tante	**mia sorella/zia** *mia sorrélla/dzia*
Comment s'appelle votre fils/femme?	**Come si chiama suo figlio/sua moglie?** *cômé si kiâma suo filyo/soua molyié*
Êtes-vous marié(e)?	**È sposato(-a)?** *é sposâto(-a)*
Je suis ...	**Sono ...** *sôno*
marié(e)/célibataire	**sposato(-a)/celibe** *sposâto(-a)/tchélibé*
divorcé(e)/séparé(e)	**divorziato(-a)/separato(-a)** *divortsiâto(-a)/sépérâto(-a)*
fiancé(e)	**fidanzato(-a)** *fidanntsâto(-a)*
Nous vivons ensemble.	**Viviamo insieme.** *viviâmo innsiéémé*
Avez-vous des enfants?	**Ha bambini/figli?** *a bammbîni/filyi*
Deux garçons et une fille.	**Due ragazzi e una ragazza** *doué ragatsi é ouna ragatsa*
Quel âge ont-ils?	**Quanti anni hanno?** *couânnti anni anno*

Qu'est-ce que vous faites? Che cosa fa?

Qu'est-ce que vous faites?	**Che cosa fa?**	*ké côsa fa*
Dans quelle branche êtes-vous?	**Che lavoro fa?**	*ké lavôro fâ*
Qu'est-ce que vous étudiez?	**Che cosa studia?**	*ké côsa stoûdia*
J'étudie …	**Studio …**	*stoûdio*
Je suis dans …	**Mi occupo di …**	*mi ocoupo di*
le commerce	**commercio**	*commértchio*
l'ingénierie	**ingegneria**	*inndjégnéria*
la vente au détail	**commercio al dettaglio**	*commértchio al déttalyo*
la vente	**vendite**	*véndité*
Pour qui travaillez-vous …?	**Per chi lavora?**	*pér ki lavôra*
Je travaille pour …	**Lavoro per …**	*lavôro pér*
Je suis …	**Sono …**	*sôno*
comptable	**ragioniere(-a)**	*radjionnyééré(-a)*
femme au foyer	**casalinga**	*cazalingga*
étudiant(e)	**studente(ssa)**	*stoudénté(ssa)*
retraité(e)	**in pensione**	*inn pénsiôné*
au chômage	**disoccupato**	*dizocoupâto*
Je travaille à mon compte.	**Lavoro in proprio.**	*lavôro inn proprio*
Quels sont vos intérêts/ hobbies?	**Quali sono i suoi interessi/hobbies?**	*couâli sôno i souoi inntéréssi/hobbies*
J'aime le/la …	**Mi piace …**	*mi piâtché*
musique	**la musica**	*la mouzica*
lecture	**leggere**	*lédjéré*
sport	**lo sport**	*lo sport*
Je joue …	**Gioco …**	*djioco*
Voulez-vous jouer …?	**Le piacerebbe giocare …**	*lé piatchérébbé djiokâré*
aux cartes	**a carte**	*a carté*
aux échecs	**a scacchi**	*a scaki*

Quel temps! Che tempo!

Quelle belle journée!	**Che bella giornata!** *ké bélla djiornâta*
Quel temps horrible!	**Che tempo orribile!** *ké témpo orrîbilé*
Qu'est-ce qu'il fait froid/chaud aujourd'hui!	**Che caldo/freddo oggi!** *ké caldo/fréddo odji*
Fait-il aussi chaud d'habitude?	**È così caldo di solito?** *é cosi caldo di solito*
Pensez-vous que demain ...?	**Pensa che domani ...?** *pénsa ké domâni*
il fera beau	**sarà una bella giornata** *sara ouna bélla djiornâta*
pleuvra	**pioverà** *piovéra*
neigera	**nevicherà** *névikéra*
Quelles sont les prévisions?	**Che previsioni ci sono?** *ké prévisiôné tchi sôno*
C'est nuageux.	**È nuvoloso.** *é nuvolôso*
C'est orageux.	**È temporalesco** *témporalésco*
Il y a ...	**È ...** *é*
du brouillard	**nebbioso** *nébbiôso*
du givre	**gelato** *djélâto*
du verglas	**ghiacciato** *giatchiâto*
du vent	**ventoso** *véntôso*
Il pleut.	**Piove.** *piôvé*
Il neige.	**Nevica.** *névica*
Il fait du soleil.	**C'è il sole.** *tché il sôlé*
Il fait ce temps-là depuis longtemps?	**Il tempo è così da molto tempo?** *il témpo é cosi da molto témpo*
Quel est le taux de pollen?	**Com'è il conteggio del polline?** *comé il conntédjio dél pollinné*
élevé/moyen/bas	**alto/medio/basso** *alto/méédio/basso*
Quelle est la météo pour le ski?	**Che previsioni ci sono per sciare?** *ké prévisiôni tchi sôno pér chiâré*

Passez-vous de bonnes vacances?
Si sta divertendo?

È in vacanza?	Est-ce que vous êtes en vacances?
Come è arrivato qui?	Comment êtes-vous venu(e)(s) ici?
Dove alloggia?	Où logez-vous?
Da quanto tempo è qui?	Depuis combien de temps êtes-vous ici?
Quanto tempo si trattiene?	Combien de temps restez-vous?
Cosa ha fatto finora?	Qu' avez-vous fait jusqu'à présent?
Dove andrà dopo?	Où irez-vous ensuite?
Si sta divertendo?	Est-ce que vous vous amusez bien?

Je suis ici en …	**Sono qui …**	_sôno coui_
voyage d'affaires	**per affari**	_pér affâri_
vacances	**in vacanza**	_inn vacanntsa_
Nous sommes venus en …	**Siamo venuti(-e) in …** _siâmo vénoûti(-é) inn_	
train/bus/avion	**treno/pullman/aereo** _trééno/poullman/aéréo_	
voiture/ferry	**auto/traghetto** _aouto/traghétto_	
J'ai une voiture de location.	**Ho noleggiato una macchina.** _o nolédjiâto ouna makina_	
Nous logeons …	**Alloggiamo …** _allodjiâmo_	
dans un appartement	**in un appartamento** _inn oun appartamménto_	
à l'hôtel/dans un camping	**in un albergo/un campeggio** _inn oun albérgo/oun cammpéédjio_	
chez des amis	**con amici** _conn amitchi_	
Pouvez-vous nous suggérer …?	**Può suggerire …?** _pouo soudjérîré_	
quelque chose à faire	**cose da fare** _cosé da fâré_	
des endroits pour manger	**posti per mangiare** _posti pér mandjiâré_	
des endroits à visiter	**luoghi di interesse** _louôghi di inntéréssé_	
Nous nous amusons/ ennuyons.	**Ci stiamo divertendo/annoiando.** _tchi stiâmo divérténdo/annoianndo_	

123

Invitations Inviti

Voulez-vous venir dîner chez nous le …?
Vuole venire a cena da noi il …? *vouôlé vénîré a tchééna da noi il*

Est-ce que je peux vous inviter à déjeuner?
Posso invitarla a pranzo? *posso innvitârla a pranndzo*

Est-ce que vous pouvez venir prendre un café ce soir?
Vuole venire a prendere il caffè da noi questa sera? *vouôlé vénîré a préndéré il caffé da noi couésta sééra*

Nous donnons une soirée. Pouvez-vous venir?
Facciamo una festa. Vuole venire? *fatchiâmo ouna fésta. vouôlé vénîré*

Est-ce que nous pouvons nous joindre à vous?
Possiamo venire anche noi? *possiâmo vénîré annké noi*

Voulez-vous vous joindre à nous?
Vuole venire anche Lei? *vouôlé vénîré anké léi*

Sortir Uscire

Qu'avez-vous de prévu pour …? **Cosa fa …?** *côsa fa*

aujourd'hui / ce soir
oggi/questa sera *odji/couésta sééra*

demain **domani** *domâni*

Est-ce que vous êtes libre ce soir?
È libero(-a) questa sera? *é libéro(-a) couésta sééra*

Est-ce que vous aimeriez …? **Le piacerebbe …?** *lé piatchérébbé*

aller danser **andare a ballare** *anndâré a ballâré*

aller au bar / restaurant
andare al bar/al ristorante *anndâré al bar/al ristorannté*

faire une promenade
fare una passeggiata *fâré ouna passédjiâta*

faire des courses **fare acquisti** *fâré acouisti*

J'aimerais aller à … **Mi piacerebbe andare …** *mi piatchérébbé anndâré*

J'aimerais voir … **Mi piacerebbe vedere …** *mi piatchérébbé védééré*

Aimez-vous …? **Le piace …?** *lé piâtché*

Accepter/Décliner Accettare/Declinare

Avec plaisir.	**Sarebbe magnifico.** *sarébbé magnifico*
Merci, mais j'ai à faire.	**Grazie, ma ho un'altro impegno.** *grâtsié ma ho oun altro immpégno*
Est-ce que je peux amener un(e) ami(e)?	**Posso portare un amico(-a).** *posso portâré oun amico(-a)*
Où nous retrouvons-nous?	**Dove ci incontriamo?** *dôvé tchi innconntriâmo*
Je vous retrouve …	**La incontro …** *la innconntro*
devant votre hôtel	**di fronte al suo albergo** *di fronnté al souo albérgo*
Je t'appellerai à 8.00/20.00 heures.	**Ti chiamo alle otto/venti.** *ti kiâmo allé otto/vénti*
un peu plus tard/tôt	**un po' più tardi/presto** *oun po piou tardi/présto*
Peut-être un autre jour?	**Forse un'altro giorno?** *forsé ounaltro djiorno*
D'accord.	**Va bene.** *va bééné*

Invitation à dîner Invitare a cenare

La ponctualité varie d'une région à l'autre en Italie. Quinze minutes de retard peuvent être acceptables dans le sud, alors que, dans le nord, cinq suffiraient à s'attirer des reproches.

Permettez-moi de vous offrir quelque chose à boire.	**Mi permetta di offrirle una bibita.** *mi pérméta di offrirlé ouna bibita*
Aimez-vous …?	**Le piace …?** *lé piâtché*
Qu'est-ce que vous prenez?	**Cosa prende?** *côsa préndé*
Quel bon repas.	**Che pasto squisito!** *ké pasto scouizito*

Rencontres Incontri

Ça vous dérange si …?
Le dispiace se …?
lé dispiàtché sé

je m'asseois ici / je fume
mi siedo qui / fumo
mi siéédo coui / foûmo

Puis-je vous offrir quelque chose à boire?
Posso offrirle una bibita?
posso offrirlé ouna bibita

J'aimerais bien que vous veniez me tenir compagnie.
Mi piacerebbe avere un po' di compagnia. *me piatchérébbé avééré oun po di commpagnia*

Pourquoi riez-vous?
Perché ride? *pérké rîdé*

Est-ce que mon italien est si mauvais que ça?
Parlo tanto male l'italiano? *parlo tannto mâlé litaliâno*

Si on allait dans un endroit un peu plus calme?
Andiamo in un posto più tranquillo? *andiâmo inn oun posto piou trancouillo*

Laissez-moi tranquille!
Mi lasci in pace! *mi lâchi inn pâtché*

Tu es très beau / belle!
Sei stupendo(-a)! *séi stoupéndo(-a)*

Est-ce que je peux t'embrasser?
Posso baciarti? *posso batchiârti*

Est-ce que tu veux venir chez moi?
Vuoi venire da me? *vouoi vénîré da mé*

Je ne suis pas encore prêt pour ça.
Non sono pronto(-a) per questo. *nonn sôno pronnto(-a) pér couésto*

Merci pour cette bonne soirée.
Grazie per la serata. *grâtsié pér la sérâta*

Il faut que nous partions maintenant.
Penso che sia ora di partire. *pénso ké sia ôra di partîré*

Est-ce que je peux vous revoir demain?
Posso rivederla domani? *posso rivédérla domâni*

A bientôt.
A presto. *a présto*

Est-ce que je peux avoir votre adresse?
Posso avere il suo indirizzo? *posso avééré il souo inndiritso*

Téléphoner Telefonare

Les téléphones payables modernes acceptent les pièces de
monnaie (100, 200 et 500 lires) et les cartes téléphoniques
(5 000 ou 10 000 lires). Vous pouvez également utiliser votre
carte de crédit téléphonique pour appeler votre domicile.

De nombreux cafés et bars publics disposent de téléphones publics pour
les appels locaux. Vous devrez payer après l'appel ou acheter un jeton
(**gettone**) à insérer dans le téléphone.

Pour appeler votre domicile depuis l'Italie, composez le 00, suivi de:
Canada 1, France 33, Belgique 32, Suisse 41, Luxembourg 352. Notons que
vous devrez généralement omettre le 0 initial du code zonal. Pour appeler
l'Italie il ne faut plus omettre le 0.

Pouvez-vous me donner votre numéro de téléphone?	**Mi da il suo numero di telefono?** *mi da il suo nouméro di téléfonno*
Voilà mon numéro.	**Ecco il mio numero.** *éco il mio nouméro*
Appelez-moi, s.v.p.	**Mi chiami, la prego.** *mi kiâmi la préégo*
Je vous appellerai.	**La chiamerò.** *la kiaméro*
Où est la cabine téléphonique la plus proche?	**Dov'è il telefono pubblico più vicino?** *dové il téléfono poubblico piou vitchîno*
Est-ce que je peux me servir de votre téléphone?	**Posso usare il suo telefono?** *posso ouzâré il suo téléfono*
C'est urgent.	**È un'emergenza.** *é oun émérdjéntsa*
Je voudrais téléphoner en France.	**Vorrei fare una chiamata in Francia.** *vorréi faré ouna kiamâta inn Franntchia*
Quel est le code pour …?	**Qual'è il prefisso per …?** *coualé il préfisso pér*
Quel est le numéro des Renseignements?	**Qual'è il numero per Informazione Elenco Abbonati?** *coualé il nouméro pér innformatsiôné élénco abbonâti*
Je voudrais le numéro de …	**Vorrei il numero per …** *vorréi il nouméro pér*
Je voudrais faire un appel en P.C.V.	**Vorrei telefonare a carico del destinatario.** *vorréi téléfonâré a carico dél déstinnatârio*

127

Parler au téléphone Parlare al telefono

Allô. C'est …

Pronto. Parla …
pronnto. parla

Je voudrais
parler à …

Vorrei parlare a …
vorréi parlâré a

Poste …

Interno … *inntérno*

Pouvez-vous parler plus fort/
plus lentement, s.v.p.

**Può parlare/più forte/più lentamente, per
piacere.** *pouo parlâre/piou forté/piou
léntaménté pér piatchééré*

Pouvez-vous répéter, s.v.p?

Può ripetere, per piacere?
pouo ripétéré pér piatchééré

Je regrette, il/elle n'est pas là.

Mi dispiace, non è qui.
mi dispiâtché nonn é coui

Vous avez fait un faux numéro.

Ha sbagliato numero.
a zbalyâto nouméro

Un instant.

Un momento. *oun moménto*

Ne raccrochez pas, s.v.p.

Resti in linea, per piacere.
résti inn linéa pér piatchééré

Quand reviendra-t-il/elle?

Quando rientra?
couanndo riéntra

Pouvez-vous lui dire que
j'ai appelé?

Per favore, gli/le dica che ho chiamato.
pér favôré lyi/lé dica ké o kiamâto

Je m'appelle …

Mi chiamo …
mi kiâmo

Pouvez-vous lui demander de
me rappeler?

Può dirgli/dirle di richiamarmi?
pouo dirlyi/dirlé di rikiammârmi

Il faut que je vous quitte,
maintenant.

Devo andare ora.
déévo andâré ôra

J'ai été content(e) de
vous parler.

È stato un piacere parlare con Lei.
*é stâto oun piatchééré
parlâré conn léi*

Je vous téléphonerai.

La contatterò. *la conntattéro*

Au revoir.

Arrivederci. *arrivédértchi*

Magasins et Services

Si vous désirez un aperçu de ce que les Italiens achètent, visitez les grandes surfaces des chaînes **La Rinoscente**, **Upim** et **Standa**, qui ont des filiales dans la plupart des villes.

Vérifiez localement l'emplacement et les heures des marchés en plein air, qui ont généralement lieu au moins une fois par semaine dans la plupart des centres touristiques.

L'ESSENTIEL

Je voudrais …	**Vorrei …**	*vorréi*
Avez-vous …?	**Ha …?**	*a*
C'est combien?	**Quanto costa?**	*cuannto costa*

APERTO	Ouvert
CHIUSO	Fermé

Magasins et services
Negozi e servizi

Où est …? Dov'è …?

Où est … le/la plus proche?	**Dov'è … più vicino(-a)?** *dové … piou vitchîno*
Où y a-t-il un(e) bon(ne) …?	**Dove c'è un(a) buon(a) …?** *dôvé tché oun(a) bouon(a)*
Où est le centre commercial principal?	**Dov'è la zona dei negozi?** *dové la dzôna déi négotsi*
Est-ce loin d'ici?	**È lontano da qui?** *é lontâno da cui*
Comment puis-je y aller?	**Come ci arrivo?** *cômé tchi arrîvo*

Magasins Negozi

antiquaire	**il negozio di antiquariato** *il négotsio di annticouariâto*
banque	**la banca** *la bannca*
bijouterie	**la gioielleria** *la djioièlléria*
boucherie	**la macelleria** *la matchélléria*
boulangerie	**la panetteria** *la pannéttéria*
bureau de tabac	**la tabaccheria** *la tabakéria*
centre commercial	**il centro commerciale** *il tchénntro commértchiâlé*
charcutier/traiteur	**la salumeria** *la salouméria*
droguerie	**la drogheria** *la droghéria*
épicier	**il negozio di alimentari** *il négotsio di aliméntâri*
fleuriste	**il fioraio** *il fiorâio*
grand magasin	**il grande magazzino** *il granndé magatsîno*
kiosque à journaux	**l'edicola** *lédicola*
librairie	**la libreria** *la libréria*
magasin d'articles de sport	**il negozio di articoli sportivi** *il négotsio di articoli sportîvi*
magasin de cadeaux	**il negozio di articoli da regalo** *il négotsio di articoli da régâlo*
magasin de chaussures	**il negozio di scarpe/la calzoleria** *il négotsio di scârpé/la caltsoléria*

magasin de diététique	**il negozio di dietetica** *il négotsio di diétética*
magasin de disques	**il negozio di musica** *il négotsio di moûzica*
magasin de jouets	**il negozio di giocattoli** *il négotsio di djiocâttoli*
magasin de photos	**il negozio di foto** *il négotsio di foto*
magasin de souvenirs	**il negozio di ricordi** *il négotsio di ricôrdi*
magasin de vêtements	**il negozio di abbigliamento** *il négotsio di abbilyaménto*
marchand de fruits et légumes	**il fruttivendolo** *il froutivéndolo*
marchand de vins et spiritueux	**la bottiglieria** *la bottilyéria*
marché	**il mercato** *il mércâto*
pâtisserie	**la pasticceria** *la pastitchéria*
pharmacie	**la farmacia** *la farmatchia*
poissonnerie	**la pescheria** *la péskéria*
supermarché	**il supermercato** *il soupérmércâto*

Services Servizi

bibliothèque	**la biblioteca** *la bibliotéca*
coiffeur (femmes / hommes)	**il parrucchiere/la parrucchiera** *il parroukiééré/la parroukiéra*
commissariat	**il commissariato/la questura** *il commissariâto/la couéstoûra*
dentiste	**il/la dentista** *il/la déntista*
hôpital	**l'ospedale** *lospédâlé*
laverie automatique	**la lavanderia a gettone** *la lavanndéria â djétône*
médecin / docteur	**il medico/il dottore(-ressa)** *il médico/il dottôré(-réssa)*
opticien	**l'ottico/il negozio di ottica** *lottico/il négotsio di ottica*
pressing / nettoyage à sec	**la tintoria/la lavanderia a secco** *la tinntoria/la lavanndéria a séco*

Heures d'ouverture Orario di apertura

Dans les villes importantes, telles que Rome, Milan, Bologne et Florence, les magasins ferment généralement le samedi après-midi pendant l'été; pendant les vacances du mois d'août (**Ferragosto**), vous trouverez probablement un nombre très restreint de magasins ouverts, étant donné que la plupart des habitants auront fui en direction de la mer ou des montagnes pour échapper à l'humidité.

Horaires généraux pour :	Ouverture	Fermeture	Pause-déjeuner	Fermeture
magasins (hiver)	9h00	19h30	13h00–15h00	Dim. un 1/2 jour
(été)	9h00	20h00	13h00–16h00	pendant la semaine
certaines zones commerciales	10h00	19h00	aucune	Dim. lun. matin
postes (bureau de poste)	8h30	18h00	aucune	Sam. après-midi, dim.
	8h30	18h00	aucune	Sam. après-midi, dim.
banques bureaux principaux	8h30	16h00	13h00–15h00	week-end

A quelle heure ouvre/ferme le/la …?	**Quando apre/chiude …?** *couanndo apré/kioûdé …*
Etes-vous ouverts en soirée?	**È aperto la sera?** *é apérto la sééra*
Fermez-vous pour le déjeuner?	**Chiude per pranzo?** *kioûdé pér pranndzo*
Où est le/la/l' …?	**Dov'è …?** *dové*
caisse	**la cassa** *la cassa*
escalier roulant	**la scala mobile** *la scâla môbilé*
ascenseur	**l'ascensore** *lachénsôré*
plan du magasin	**la guida del magazzino** *la gouîda dél magatsîno*
rez-de-chaussée	**il pianterreno** *piântérééno*
premier étage	**il primo piano** *prîmo piâno*

ORARIO DI APERTURA	heures d'ouverture
CHIUSO PER LA PAUSA DI MEZZOGIORNO	fermé pour le déjeuner
APERTO TUTTO IL GIORNO	ouvert toute la journée
L'USCITA	sortie
L'INGRESSO	entrée
LA SCALA MOBILE	escalier roulant
L'USCITA D'EMERGENZA	sortie de secours
L'ASCENSORE	ascenseur
LE SCALE	escaliers

Services Servizi

Pouvez-vous m'aider?	**Può aiutarmi?** *pouo aioutârmi*
Je cherche …	**Cerco …** *tchérco*
Je jette seulement un coup d'œil.	**Sto solo dando un'occhiata.** *sto sôlo danndo oun okiâta*
C'est mon tour.	**È il mio turno.** *é il mio tourno*
Avez vous …?	**Ha …?** *a*
Je voudrais acheter …	**Vorrei comprare …** *vorréi commprâré*
Pourriez-vous me faire voir …?	**Può farmi vedere …?** *pouo fârmi védééré*
Combien coûte ceci/celà?	**Quant'è questo/quello?** *couannté couésto/couéllo*
C'est tout, merci.	**È tutto, grazie.** *é toutto grâtsié*

Buongiorno/buonasera signora/signore.	Bonjour/bonsoir madame/monsieur.
Desidera?	Vous désirez?
Cosa desidera?	Qu'est-ce que vous désirez?
Glielo(-a) controllo subito.	Je vais vérifier.
È tutto?	Ce sera tout?
Nient'altro?	Et avec ça?

– Cosa desidera? (Qu'est-ce que vous désirez?)
– Sto solo dando un'occhiata.
(Je jette seulement un coup d'œil.)

– Scusi. (Excusez-moi.)
– Sì, desidera? (Oui, vous désirez?)
– Quant'è quello? (Combien coûte cela?)
– Um, controllo subito … Costa trentamila lire.
(Hmm, je vais vérifier … Ça coûte 30 000 lires.)

IL SERVIZIO (ASSISTENZA) CLIENTI	accueil clients
SALDI/LIQUIDAZIONI	soldes

Préférences Preferenze

Je voudrais quelque chose de …	**Voglio qualcosa di …** _volyo coualcôsa di_
Ça doit être …	**Deve essere …** _déévé ésséré_
grand / petit	**grande/piccolo(-a)** _granndé/ piccolo(-a)_
bon marché / cher	**economico(-a)/caro(-a)** _éconnomico(-a)/câro(-a)_
foncé / clair	**scuro(-a)/chiaro(-a)** _scoûro(-a)/ kiâro(-a)_
léger / lourd	**leggero(-a)/pesante** _lédjééro(-a) pézannté_
ovale / rond / carré	**ovale/rotondo(-a)/quadrato(-a)** _ovâlé/ rotonndo(-a)/couadrâto(-a)_
original / d'imitation	**genuino(-a)/imitazione** _djénouîno(-a)/imitatsiôné_
Je ne veux pas quelque chose de trop cher.	**Non voglio niente di troppo caro.** _nonn volyo niénté di troppo câro_
Dans les … lire environ.	**Sulle … lire.** _soullé … lîré_
Avez-vous quelque chose de …?	**Ha qualcosa di …?** _a coualcôsa di_
plus grand	**più largo** _piou lârgo_
meilleure qualité	**di qualità migliore** _di coualita milyôré_

Che … desidera/vuole?	Quel(le) … désirez/voulez-vous?
colore/forma	couleur/forme
qualità/quantità	qualité/quantité
Che tipo preferisce?	Quel genre préférez-vous?
Su che prezzi vuole rimanere?	Dans quel ordre de prix cherchez-vous?

moins cher	**meno caro** _mééno câro_
plus petit	**più piccolo** _piou piccolo_
Pouvez-vous me montrer …?	**Può mostrarmi …?** _pouo mostrârmi_
celui-là / celui-ci	**quello/questo** _couéllo/couésto_
ceux-ci / ceux-là	**questi/quelli** _couésti/couélli_

Conditions d'achat
Condizioni di vendita

Y a-t-il une garantie?

C'è una garanzia?
tché ouna garanntsia

Est-ce qu'il y a des instructions?

Ci sono anche delle istruzioni?
tchi sôno annké déllé istroutsiôni

Epuisé Esaurito

Mi dispiace, non ne abbiamo. È esaurito(-a)	Je regrette, nous n'en avons pas. Il/elle est épuisé(e).
Posso mostrarle qualcos'altro/un tipo diverso?	Est-ce que je peux vous montrer quelque chose d'autre?
Glielo(-a) ordino?	Voulez-vous que nous vous le commandions?

Pouvez-vous me le commander?

Può ordinarmelo(-a)?
pouô ordinnârmélo(-la)

Il faudra combien de temps?

Quanto tempo occorre?
couannto témpo occorré

Où est-ce que je pourrais trouver …?

Dove posso trovare …
dôvé posso trovâré

Décision Decisione

Ce n'est pas vraiment ce que je veux.

Non è esattamente quello che voglio.
nonn é éssattaménté couéllo ké volyo

Non, ça ne me plaît pas.

No, non mi piace. *no nonn mi piâtché*

C'est trop cher.

È troppo caro. *é troppo câro*

Je voudrais réfléchir.

Vorrei pensarci. *vorréi pénsârtchi*

Je le/la prends.

Lo/La prendo. *lo/la préndo*

– Buongiorno, signora. Vorrei una blusa.
(Bonjour madame. Je voudrais une blouse.)
– Certo. Che colore preferisce?
(Certainement. Quel couleur préférez-vous?)
– Bianca, per piacere. Deve essere larga.
(Blanche, s.v.p. Ça doit être grande.)
– Ecco. Sono duecentomila lire. (Voilà. C'est 200 000 lires.)
– Non è esattammente quello che voglio. Grazie comunque.
(Ce n'est pas vraiment ce que je cherche. Merci tout de même.)

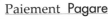

Paiement Pagare

La plupart des magasins, restaurants et hôtels, de même que certaines stations-service d'autoroutes acceptent les principales cartes de crédit, les chèques de voyage et eurochèques – cherchez les indications sur la porte.

Les taxes peuvent être réclamées sur les achats plus conséquents après votre retour au pays (en dehors de l'UE).

Où dois-je payer?	**Dove si paga?** _dôvé si pâga_
C'est combien?	**Quant'è/Quanto costa?** _couannté/couannto costa_
Pourriez-vous me l'écrire, s.v.p.?	**Può scrivermelo, per favore?** _pouo skrîvérmélo pér favôré_
Acceptez-vous les chèques de voyage?	**Accetta assegni turistici?** _atchétta asségni tourististchi_
Je paie …	**Pago …** _pâgo_
en liquide	**in contanti** _inn conntannti_
avec une carte de crédit	**con carta di credito** _conn carta di crédito_
Je n'ai pas de monnaie.	**Non ho spiccioli.** _nonn o spitchiôli_
Je regrette, je n'ai pas assez d'argent.	**Mi dispiace, non ho abbastanza soldi.** _mi dispiâtché nonn o abbastanntsa sôldi_
Est-ce que je peux avoir un ticket de caisse?	**Mi dà la ricevuta, per favore?** _mi da la ritchévouta pér favôré_
Je crois que vous vous êtes trompé en me rendant la monnaie.	**Credo che si sia sbagliato(-a) nel darmi il resto.** _créédo ké si sia zbalyiâto(-a) nél dârmi il résto_

Come paga?	Comment payez-vous?
Questa operazione non è stata approvata/accettata.	Cette transaction n'a pas été approuvée/acceptée.
Questa carta non è valida.	Cette carte n'est pas valide.
Ha un altro documento d'identità?	Avez-vous une autre pièce d'identité?
Ha spiccioli?	Avez-vous de la monnaie?

CASSA	caisse
I TACCHEGGIATORI SARANNO PUNITI A NORMA DI LEGGE	les voleurs seront poursuivis (en justice)

Plaintes Reclami

Il y a un défaut.	**Questo è difettoso(-a).** *couésto é diféttôzo(-a)*
Pouvez-vous échanger ceci, s.v.p.?	**Può cambiare questo, per favore?** *pouo cammbiâré couésto pér favôré*
Je voudrais être remboursé(e).	**Vorrei un rimborso.** *vorréi oun rimborso*
Voici le ticket de caisse.	**Ecco la ricevuta.** *éco la ritchévouta*
Je n'ai pas le ticket de caisse.	**Non ho la ricevuta.** *nonn o la ritchévouta*
Je voudrais voir le gérant du magasin.	**Vorrei vedere il gestore.** *vorréi védééré il djéstôré*

Réparations/Nettoyage Riparazioni/Pulitura

C'est cassé. Pouvez-vous le réparer?	**Questo è rotto(-a). Può ripararlo(-a)?** *couésto é rotto(-a) pouo riparârlo(-la)*
Avez-vous ... pour ceci?	**Ha ... per questo?** *a ... pér couésto*
une pile	**una pila** *ouna pîla*
des pièces de rechange	**dei pezzi di ricambio** *déi pétsi di ricammbio*
Quelque chose ne marche pas dans ...	**C'è qualcosa che non va con ...** *tché coualcôsa ké nonn va conn*
Pouvez-vous ... ça?	**Può ... questo(-a) ...?** *pouo ... couésto(-a)*
nettoyer	**pulire** *poulîré*
repasser	**stirare** *stirâré*
réparer/raccommoder	**riparare/rammendare** *riparâré/ramméndâré*
Pouvez-vous faire des retouches?	**Può aggiustarmi questo(-a)?** *pouo adjioustârmi couésto(-a)*
Quand sera-t-il prêt?	**Quando sarà pronto(-a)?** *couanndo sara pronnto(-a)*
Ce n'est pas à moi.	**Questo non è mio.** *couésto nonn é mîo*
Il manque ...	**Manca ...** *mannca*

HEURES ➤ 220; DATES ➤ 218

Banque/Bureau de change
Banca/Ufficio Cambio

Dans certaines banques, vous pouvez vous procurer du liquide dans les distributeurs automatiques avec les cartes Visa, l'Eurocard, American Express et de nombreuses autres cartes internationales. Les instructions sont souvent énoncées en français.

Il vous est également possible de changer de l'argent dans la plupart des hôtels, mais le taux ne sera pas aussi avantageux. Les principales gares ferroviaires et aéroports sont également pourvus de bureaux de change.

N'oubliez pas votre passeport lorsque vous voulez changer de l'argent.

Où est … le/la plus proche?	**Dov'è … più vicino(-a)?** *dové … piou vitchîno(-a)*
la banque	**la banca** *la bannca*
le bureau de change	**l'ufficio cambio** *louffitcho cammbio*

TUTTE LE OPERAZIONI	toutes transactions
SPINGERE/TIRARE/PREMERE	poussez/tirez/appuyez
APERTO/CHIUSO	ouvert/fermé
CASSA	caisse

Pour changer de l'argent Cambiare la valuta

Est-ce que je peux changer des devises étrangères ici?	**Si può cambiare la valuta straniera qui?** *si pouô cammbiâré la valouta stragnéra coui*
Je voudrais changer des francs/dollars en lires.	**Vorrei cambiare alcuni franchi/dollari in lire.** *vorréi cammbiâré alcouni frannki/dollari inn liré*
Je voudrais encaisser des chèques de voyage/Eurochèques.	**Voglio incassare dei traveller's cheques/Eurocheques.** *volyo inncassâré déi travéllérs tchékés/éourotchékés*
Quel est le taux (de change)?	**Quant'è il cambio?** *couanté il cammbio*
Quelle commission prenez-vous?	**Quanto prende di commissione?** *couannto préndé di commissiôné*
Est-ce que je pourrais avoir des billets plus petites/de la petite monnaie?	**Posso avere delle banconote di taglio più piccolo/spiccioli?** *posso avééré déllé bannconoté di talyo piccolo/spitchiôli*
J'ai perdu mes chèques de voyage. Voici les numéros.	**Ho perso i miei traveller's cheques. Ecco i numeri.** *o pérso i miéi travéllérs tchékés. eco i nouméri*

Sécurité   Sicurezza

Posso vedere …?	Est-ce que je peux voir…?
il suo passaporto	votre passeport
un documento d'identità	une pièce d'identité
la sua carta bancaria	votre carte bancaire
Qual'è il suo indirizzo?	Quelle est votre adresse?
Dove alloggia?	Où logez-vous?
Compili questo modulo, per favore.	Pouvez-vous remplir cette fiche, s.v.p.
Per favore firmi qui.	Signez ici, s.v.p.

Distributeurs automatiques Bancomat/Cassa automatica

Est-ce que je peux retirer de l'argent avec ma carte de crédit ici?

Posso fare un prelievo con la mia carta di credito qui? *posso fâré oun prélié̱vo conn la mia carta di crédito coui*

Où sont les distributeurs automatiques?

Dove sono i Bancomat/le casse automatiche? *do̱vé so̱no i bannco̱mat/lé cassé aoutoma̱tiké*

Est-ce que je peux me servir de ma carte … dans ce distributeur?

Posso usare la mia carta … nel Bancomat? *posso ouzâré la mia carta … nél bannco̱mat*

Le distributeur a avalé ma carte.

Il Bancomat ha mangiato la mia carta. *il bannco̱mat a mandjiâto la mia carta*

BANCOMAT/ CASSA AUTOMATICA	DISTRIBUTEUR AUTOMATIQUE

Unité monétaire Lira (pluriel **lire**); abréviation **L.** ou **Lit.**; Suisse: 100 centesimi = 1 **franco**

Italie	*Pièces:* 50, 100, 200, 500 **lire**
	Billets: 1 000, 2 000, 5 000, 10 000, 50 000, 100 000 **lire**
Suisse	*Pièces:* 5, 10, 20, 50 ct.; $^1/_2$, 1, 2, 5 **franchi**
	Billets: 10, 20, 50, 100, 500, 1 000 **franchi**

– Quant'è il cambio per i franchi, oggi?
(Quel est le taux de change des francs?)
– A … signora. (A … madame.)
Bene, alora desidero cambiare cinque cento franchi.
– (Bien, alors j'aimerais changer 500 francs.)

Pharmacie Farmacia

Les pharmacies sont facilement reconnaissables à leur enseigne: une croix verte, généralement lumineuse.

Si vous cherchez une pharmacie de nuit, un dimanche ou un jour férié, vous trouverez une liste des adresses des pharmacies de garde (**farmacia di turno**) dans le journal, ou affichée dans les vitrines des pharmacies.

Où est la pharmacie (de garde) la plus proche?	**Dov'è la farmacia (di turno) più vicina?** *dové la farmatchia (di tourno) piou vitchîna*
A quelle heure ouvre/ferme la pharmacie?	**A che ora apre/chiude la farmacia?** *a ké ora apré/kioûdé la farmatchia*
Pouvez-vous me préparer cette ordonnance?	**Può farmi questa ricetta?** *pouó fârmi couésta ritchétta*
Est-ce que j'attends?	**Devo aspettare?** *dévo aspéttâré*
Je reviendrai la chercher.	**Passerò a ritirarla.** *passéro a ritirârla*

Posologie Dosi e uso

Combien dois-je en prendre?	**Quanto devo prenderne?** *couannto déévo préndérné*
Combien de fois dois-je le prendre?	**Con quale frequenza devo prenderlo(-la)?** *conn couâlé frécouéntsa déévo préndérlo(-la)*
Est-ce que ça convient aux enfants?	**È adatto per bambini?** *é adatto pér bambîni*

Prenda ... pastiglie/cucchiaini ...	Prenez ... comprimés/ cuillerées à café ...
prima/dopo i pasti	avant/après les repas
con acqua	avec de l'eau
intero(-a)	entier
la mattina/la sera	le matin/le soir
per ... giorni	pendant ... jours

J'ai un/une ...	**Ho ... o**
ampoule	**una vescica** _ou_na *vé*chica
blessure	**una ferita** _ou_na *fé*rita
bosse	**un bernoccolo** *oun* bér*noc*colo
brûlure	**una scottatura** _ou_na scotta*tou*ra
contusion/bleu	**una contusione/un livido** _ou_na conn*tou*sié*né*/oun *li*vido
coupure	**un taglio** *oun* *ta*lyo
enflure	**un gonfiore** *oun* gonn*fiô*ré
éraflure	**un'escoriazione** *oun* éscoriatsié*né*
éruption cutanée	**un'eruzione della pelle** *oun* éroutsié*né* *dé*lla *pé*llé
furoncle	**un foruncolo** *oun* fo*roun*colo
mal de tête	**un mal di testa** *oun* mal di *tes*ta
piqûre d'insect	**una puntura d'insetto** _ou_na poun*tou*ra dinn*sé*tto
piqûre	**una puntura** _ou_na poun*tou*ra
rhume	**un raffreddore** *oun* raffré*dô*ré

DATA DI SCADENZA	date d'expiration
SOLO PER USO ESTERNO	pour usage externe uniquement
NON PER USO INTERNO	ne pas avaler
SOLO CON RICETTA	seulement sur ordonnance

– Ho un raffreddore. Che cosa mi raccomanda?
(J'ai un rhume. Que me recommandez-vous?)
– *Questa medicina è efficiente contro il raffreddore.*
(Ce médicament est efficace contre le rhume.)
– Quante pastiglie devo prendere?
(Combien de pastilles dois-je prendre?)
– *Una ogni quattro ore. Le raccomando vedere il dottore si non ci
sta meglio tra due giorni. (Une toute les quatre heures. Je vous
recommande de voir le docteur si vous n'allez pas mieux dans 2 jours.)*

Demander conseil
Chiedere consiglio

Qu'est-ce que vous me conseillez pour un/une/des …?	**Che cosa consiglia per …?** *ké côsa connsilya pér*
coup de soleil	**una scottatura solare** *ouna scottatoûra solâré*
diarrhée	**la diarrea** *la diarréa*
gueule de bois	**i postumi di una sbornia** *i postoûmi di ouna zbornia*
mal au ventre	**mal di stomaco** *mal di stomaco*
mal de gorge	**il mal di gola** *il mal di gôla*
mal des transports	**la cinetosi** *la tchinnétôzi*
piqûre d'insectes	**le punture d'insetto** *lé pountoûré dinnsétto*
rhume	**un raffreddore** *oun raffrédôré*
toux	**la tosse** *la tossé*
rhume des foins	**la febbre del fieno** *la fébbré dél fiééno*
Puis-je l'obtenir sans ordonnance?	**Si può comprare senza ricetta?** *si pouo comprâré séntsa ritchétta*

Médicaments délivrés sans ordonnance
Trattamento senza ricetta

Pouvez-vous me donner …?	**Ha …?** *a*
analgésiques	**dell'analgesicos** *déll annaldjézicos*
aspirine (soluble)	**dell'aspirina (solubile)** *déllaspirîna (soloubilé)*
bandage	**delle bende** *déllé béndé*
coton (hydrophile)	**del cotone idrofilo** *dél cotôné idrofilo*
crème antiseptique	**della pomata antisettica** *délla pomâta antiséttica*
crème contre les insectes/ atomiseur insecticide	**della pomata contro gli insetti/dello spray insetticida** *délla pomâta conntro lyi innsétti/déllo spré innséttitchîda*
préservatifs	**dei profilattici** *déi profilattitchi*
vitamines	**delle vitamine** *déllé vitamîné*

Articles de toilette Articoli da toletta

Je voudrais de/du/de la/des …	**Vorrei …** _vorréi_
crème hydratante	**una crema idratante** _ouna créema idratannté_
crème/lotion solaire	**una crema/una lozione abbronzante** _ouna créma/ouna lotsioné abbronndzannté_
dentifrice	**un dentifricio** _oun déntifritchio_
déodorant	**un deodorante** _oun déodorannté_
écran total	**un blocco antisolare** _oun bloco anntisolâré_
facteur …	**fattore …** _fattôré_
lames de rasoir	**delle lamette da barba** _déllé lamétté da bârba_
lotion après-rasage	**un dopobarba** _oun dopobârba_
lotion après-soleil	**una lozione doposole** _ouna lotsioné doposôlé_
mouchoirs en papier	**dei fazzoletti di carta** _déi fatsolétti di carta_
papier-toilette	**della carta igienica** _délla carta idjiénica_
savon	**del sapone** _dél sapôné_
serviettes hygiéniques	**degli assorbenti** _délyi assorbénti_
tampons	**dei tamponi** _déi tampôni_

Soins des cheveux Prodotti per i capelli

peigne	**un pettine** _oun péttiné_
après-shampooing	**del balsamo** _dél balsamo_
mousse pour cheveux	**della schiuma volumizzante** _délla skioûma voloumidzannté_
laque	**della lacca per capelli** _délla lacca pér capélli_
shampooing	**dello shampoo** _déllo shampou_

Pour le bébé Per il neonato

aliments pour bébé	**degli alimenti per neonati** _délyi aliménti pér neonâti_
lingettes	**dei fazzolettini/delle salviette per neonati** _déi fatsoléttini/déllé salviétté pér néonâti_
couches	**dei pannolini** _déi pannolîni_

Habillement Abbigliamento

La capitale de la mode italienne est Milan, où de nombreux grands stylistes, tels que **Armani**, **Versace**, **Trussardi**, **Ferré**, **Moschino** et **Krizia**, comptent des salons.

Vous constaterez que les boutiques d'aéroport, qui vendent des articles hors-taxe, proposent parfois des prix plus intéressants mais un choix réduit.

Généralités Generali

| Je voudrais … | **Vorrei …** *vorréi* |
| Avez-vous des …? | **Avete …?** *avéété* |

ABBIGLIAMENTO PER DONNA	vêtements femmes
ABBIGLIAMENTO PER UOMO	vêtements hommes
ABBIGLIAMENTO PER BAMBINI	vêtements enfants

Couleur Colore

Je cherche quelque chose en …	**Cerco qualcosa in …** *tchérco coualcôsa inn*
beige	**beige** *beige*
blanc	**bianco** *biannco*
bleu	**blu** *blou*
gris	**grigio** *grîdjio*
jaune	**giallo** *djiallo*
marron	**marrone** *marrôné*
noir	**nero** *nééro*
orange	**arancione** *aranntchiôné*
rouge	**rosso** *rosso*
rose	**rosa** *rôsa*
vert	**verde** *vérdé*
violet	**viola** *viôla*
… clair	**… chiaro** *… kiâro*
… foncé	**… scuro** *… scoûro*
Je veux une teinte plus foncée / claire.	**Vorrei una tonalità più scura/chiara.** *vorréi ouna tonnalita piou scoûra/kiâra*
Avez-vous le même en …?	**Ce l'ha anche in …?** *tché la annké inn*

144

Vêtements et accessoires
Capi di abbigliamento e accessori

bas	**le calze**	*lé caltsé*
bikini	**il bikini**	*il bikîni*
caleçon	**le mutande**	*lé moutanndé*
casquette	**il berretto**	*il bérrétto*
chapeau	**il cappello**	*il cappéllo*
ceinture	**la cintura**	*la tchinntoûra*
chaussettes	**i calzini**	*i caltsîni*
chemise	**la camicia**	*la cammitchia*
chemisier	**la camicetta**	*la cammitchétta*
collant	**il collant**	*il collannt*
costume	**il completo**	*il commpléto*
cravate	**la cravatta**	*la cravatta*
culotte	**le mutandine**	*lé moutanndîné*
écharpe	**la sciarpa/il foulard**	*la chiarpa/il foulàr*
imperméable	**l'impermeabile**	*limmpérméâbilé*
jean	**i jeans**	*i djîns*
jupe	**la gonna**	*la gonna*
maillot de bain	**il costume da bagno**	*il costoûmé da bagno*
manteau	**il cappotto**	*il cappotto*
pantalon	**i pantaloni**	*i pantaloni*
pull-over/pull	**la maglia/il maglione**	
	la maglia/il maglione	*la malyia/il malyiôné*
robe	**il vestito**	*il véstito*
sac à main	**la borsetta**	*la borsétta*
short	**gli shorts**	*lyi shorts*
slip de bain	**i calzoncini da bagno**	*i caltsonntchîni da bagno*
slip	**le mutande**	*lé moutanndé*
soutien-gorge	**il reggiseno**	*il rédjiséno*
survêtement	**la tuta da ginnastica**	*la toûta da djinnastica*
sweat-shirt	**la felpa/il sweat-shirt**	*la félpa/il swétcheurt*
T-shirt	**la T-shirt/la maglietta**	*la ti shirt/la malyétta*
veste	**la giacca**	*la djiacca*

Chaussures Scarpe

Une paire de	**un paio di** *oun pâyo di*
bottes	**gli stivali** *lyi stivâli*
chaussures	**le scarpe** *lé scarpé*
chaussures de ski	**gli scarponi** *lyi scarpôni*
chaussures de sport	**le scarpe da ginnastica** *lé scarpé da djinnastica*
pantoufles	**le pantofole** *lé panntofolé*
sandales	**i sandali** *i sandâli*
tongs	**le ciabatte** *lé tchiabatté*

Equipement pour la marche
Abbigliamento escursionismo

blouson imperméable	**la giacca impermeabile** *la djiacca impérméâbilé*
chaussures de marche	**gli scarponi** *lyi scarpôni*
coupe-vent	**la giacca a vento** *la djiacca a vénto*
sac à dos	**lo zaino** *lo dzaîno*

Tissus Stoffe

Je veux quelque chose en …	**Vorrei qualcosa in …** *vorréi coualcôsa inn*
coton	**cotone** *cotôné*
cuir	**pelle cuoio** *péllé couôio*
dentelle	**pizzo** *pitso*
jean	**tela jeans** *téla «djîns»*
laine	**lana** *lâna*
lin	**lino** *lîno*
Est-ce …?	**È …?** *é*
pur coton	**in puro cotone** *inn poûro cotôné*
en synthétique	**in fibra sintetica** *inn fibra sinntética*
Est-ce lavable à la main/ en machine?	**Si può lavare a mano/in lavatrice?** *si pouò lavâré a mâno/inn lavatritché*

LAVARE A SECCO	nettoyage à sec
LAVARE A MANO	lavage main
NON STIRARE	ne pas repasser
COLORI SOLIDI	grand teint/ne déteint pas

Ça vous va? Come le va?

Est-ce que je peux essayer ça? **Me lo/la posso provare?**
mé lo/la posso provâré

Où est la cabine d'essayage? **Dov'è la cabina di prova?**
dové la cabîna di prôva

Ça me va bien. Je le prends. **Mi va bene. Lo/La prendo.**
mi va béné. lo/la préndo

Ça ne me va pas. **Non mi va bene.** *nonn mi va béné*

C'est trop … **È troppo …** *é troppo*

court/long **corto(-a)/lungo(-a)** *corto(-a)/loungo(-a)*

étroit/ample **stretto(-a)/largo(-a)** *strétto(-a)/largo(-a)*

Est-ce que vous avez ceci **Ha questo nella taglia/misura …?**
dans la taille …? *a couésto nélla taliya/misoûra*

C'est quelle taille? **Che taglia è?** *ké talya é*

extra grand/grand **extra grande/grande**
extra granndé/granndé

moyen/petit **media/piccola** *média/picola*

Taille Misura

	Robes/Costumes						Chaussures de femmes			
Canadien	8	10	12	14	16	18	6	7	8	9
Continental	36	38	40	42	44	46	37	38	40	41

	Chemises				Chaussures d'hommes								
Canadien	15	16	17	18	5	6	7	8	8½	9	9½	10	11
Continental	38	41	43	45	38	39	41	42	43	43	44	44	45

– Me lo posso provare?
(Est-ce que je peux essayer ça?)
– Certo. Che taglia ha?
(Bien sûr. Quelle taille prenez-vous?)
– Mia taglia è …
(Ma taille est le …)
– Ecco, prova questa.
–(Voici, essayez celle-ci.)

Santé et beauté
Salute e bellezza

Je voudrais un/une/des …	**Vorrei …** *vorréi*
soins du visage	**un trattamento per il viso** *oun trattaménto pér il vîzo*
manucure	**una manicure** *ouna manicoûré*
un massage	**un massaggio** *oun massâdjio*
épilation à la cire	**una ceretta** *ouna tchérétta*

Coiffeur Parrucchiere

Pourboire: normalement jusqu'à 15%

Je voudrais prendre un rendez-vous pour …	**Vorrei un appuntamento per …** *vorréi oun appuntaménto pér*
Est-ce que je peux venir un peu plus tôt/tard?	**Può venire un po' più presto/tardi?** *pouò vénîré oun po piou présto/tardi*
Je voudrais …	**Vorrei …** *vorréi*
coupe et brushing	**un taglio e asciugatura con fon** *oun talyo é achougatoûra conn fôn*
shampooing et mise en plis	**uno shampoo e messa in piega** *ouno champou é méssa inn piééga*
Je voudrais me faire égaliser les pointes.	**una spuntatina** *ouna spountatina*
Je voudrais …	**Vorrei …** *vorréi*
des mèches	**fare il colore** *fâré il colôré*
une permanente	**una permanente** *ouna pérmanénté*
Ne les coupez pas trop court.	**Non li tagli troppo corti.** *nonn li talyi troppo corti*
Pouvez-vous en couper un peu plus …?	**Tagli ancora un po' …** *talyi ancôra oun po*
derrière/devant	**dietro/davanti** *diétro/davannti*
dans le cou/sur les côtés	**al collo/ai lati** *al collo/aï lati*
sur le dessus	**in cima** *inn tchîma*
Très bien, merci.	**Va bene, grazie.** *va bééné grâtsié*

Articles ménagers
Articoli casalinghi

Je voudrais un/une/du/des ...	**Vorrei ...** *vorréi*
adaptateur	**un trasduttore** *oun trasdouttôré*
allumettes	**dei fiammiferi** *déi fiammiféri*
ampoule	**una lampadina** *ouna lampadîna*
bougies	**delle candele** *déllé canndéélé*
ciseaux	**un paio di forbici** *oun paio di forbitchi*
film étirable	**della pellicola trasparente** *délla péllicola trasparénté*
ouvre-boîte	**un apriscatole** *oun apriscatolé*
ouvre-bouteilles	**un apribottiglie** *oun apribottiyié*
papier aluminium	**della carta stagnola** *délla carta stagnôla*
pinces à linge	**delle mollette da bucato** *déllé mollétté da boukâto*
prise	**una spina elettrica** *ouna spîna éléttrica*
serviettes en papier	**dei tovaglioli di carta** *déi tovalyoli di carta*
tire-bouchon	**un cavatappi** *oun cavatappi*
tournevis	**un cacciavite** *oun catchiavité*

Produits de nettoyage Articoli di pulizia

détergent vaisselle	**un detersivo per lavastoviglie** *oun détérsivo pér lavastovilyié*
eau de Javel	**della candeggina** *délla canndédjîna*
lavette	**uno strofinaccio per i piatti** *ouno strofinnatchio pér i piatti*
lessive	**un detersivo per lavatrice** *oun détérsivo pér lavatritché*
liquide vaisselle	**un detersivo per i piatti** *oun détérsivo pér i piatti*
sacs poubelles	**dei sacchetti per i rifiuti** *déi sakétti pér i rifiouti*

Vaisselle/Couverts Stoviglie e posate

chopes	**dei boccali** *déi bocâli*
couteaux	**dei coltelli** *déi coltélli*
fourchettes	**delle forchette** *déllé forkétté*
tasses	**delle tazze** *déllé tatsé*
verres	**dei bicchieri** *déi bikiéri*

Bijouterie Gioielleria

Même si vous n'avez pas les moyens d'acheter les articles de **Bulgari** ou **Buccellati**, les orfèvres italiens les plus à la mode, vous trouverez que les bijoux italiens sont magnifiques et que l'or 18 carats offre un excellent rapport qualité/prix.

Est-ce que je pourrais voir …?	**Vorrei vedere …?** *vorréi védéré*
ceci/cela	**questo/quello** *couésto/couéllo*
C'est en vitrine.	**È in vetrina/nell'armadietto vetrina.** *é inn vétrîna/néll armadiétto vétrîna*
Je voudrais un/une/des …	**Vorrei …** *vorréi*
bague	**un anello** *oun anéllo*
boucles d'oreilles	**degli orecchini** *délyi orékîni*
bracelet	**un braccialetto** *oun bratchialétto*
broche	**una spilla** *ouna spilla*
chaîne(tte)	**una catenina** *ouna caténîna*
collier	**una collana** *ouna collâna*
montre	**un orologio da polso** *oun orolodjio da pols*
pendule	**un orologio** *oun orolodjio*
pile de montre	**una pila per orologi** *ouna pila pér orolodji*
réveil	**un orologio sveglia** *oun orolodjio zvélyia*

Matériaux Materiali

Est-ce que c'est de l'argent/ de l'or veritable?	**È argento/oro vero?** *é ardjénto/ôro véro*
Y a-t-il un certificat de garantie?	**C'è un certificato di garanzia?** *tché oun tchértifikâto di garantsia*
Avez-vous quelque chose en …?	**Ha qualcosa …?** *a coualcôsa*
argent	**in argento** *inn ardjénto*
cristal	**in cristallo** *inn cristallo*
cuivre	**in rame** *inn râmé*
diamant	**con diamante** *conn diamannté*
émail	**in smalto** *inn smalto*
étain	**in peltro** *inn péltro*
or	**in oro** *inn ôro*
perles de culture	**con perle cultivate** *conn pérlé coultivâté*
plaqué or	**placcato d'oro** *placâto dôro*
platine	**in platino** *inn platîno*
verre taillé	**in vetro tagliato** *inn vétro talyiâto*

Marchand de journaux / Tabac
Giornalaio/Tabaccaio

Les journaux étrangers sont généralement en vente dans les gares ou aéroports, ou dans les kiosques à journaux des grandes villes.

Le commerce du tabac est un monopole de l'Etat en Italie. Les marchands de tabac agréés se distinguent par un grand «**T**» blanc sur fond noir. Les cigarettes sont également en vente dans certains cafés et bars titulaires d'une licence de tabac.

Avez-vous des livres/journaux français?	**Ha libri/giornali francesi?** *a libri/djiornâli franntchéési*
Je voudrais un/une/du/des …	**Vorrei …** *vorréi*
allumettes	**dei fiammiferi** *déi fiâmmiféri*
bonbons	**delle caramelle/dei dolci** *déllé caraméllé/déi doltchi*
briquet	**un accendino** *oun atchéndîno*
carte postale	**una cartolina** *ouna cartolîna*
carte routière de …	**una carta stradale di …** *ouna carta stradâlé di*
chewing gum	**della gomma da masticare** *délla gomma da masticâré*
cigares	**dei sigari** *déi sîgari*
cigarettes	**delle sigarette** *déllé sigarétté*
crayon	**una matita** *ouna matita*
dictionnaire	**un dizionario** *oun ditsionnârio*
enveloppes	**delle buste** *déllé bousté*
guide de/sur …	**una guida di …** *ouna gouida di*
italien/français	**italiano/francese** *italiâno franntchéésé*
journal	**un giornale** *oun djiornâlé*
livre	**un libro** *oun libro*
magazine	**una rivista** *ouna rivista*
papier	**della carta** *délla carta*
paquet de cigarettes	**un pacchetto di sigarette** *oun pakétto di sigarétté*
stylo/bille	**una penna** *ouna penna*
tabac	**del tabacco** *dél tabaco*
tablette de chocolat	**una tavoletta di cioccolata** *ouna tavolétta di tchiokcolâta*
timbres	**dei francobolli** *déi franncobolli*

Photographie Fotografia

Je cherche un appareil-photo …	**Cerco una macchina fotografica …** *tchérco ouna makinna fotografica*
automatique	**automatica** *aoutomatica*
compact	**compact** *commpakt*
jetable	**usa-e-getta** *ouza é djétta*
reflex	**SLR** *éssé éllé érré*
Je voudrais un/une …	**Vorrei …** *vorréi*
couvercle d'objectif	**un cappuccio per l'obiettivo** *il cappoutchio pér lobyéttivo*
filtre	**un filtro** *oun filtro*
flash électronique	**un flash (elettronico)** *oun flash (éléttronnico)*
objectif	**un'obiettivo** *oun obiéttivo*
pile	**una pila** *ouna pila*
sac photo	**una custodia per macchina fotografica** *ouna coustodia pér makinna fotografica*

Développement Sviluppo

Je voudrais une pellicule … pour cet appareil photo.	**Vorrei una pellicola … per questa macchina (fotografica).** *vorréi ouna péllicola … pér couésta makinna (fotografica)*
noir et blanc	**in bianco e nero** *inn biannco é nééro*
couleur	**a colori** *a colôri*
24/36 poses	**da 24/36 pose** *da vénticouatro/tréntaséi pôzé*
Je voudrais faire développer cette pellicule.	**Vorrei fare sviluppare questa pellicola.** *vorréi fâré zviloupâré couésta pélicola*
Pourriez-vous agrandir ceci?	**Può ingrandire questa, per favore?** *pouò innggranndiré couésta pér favôré*
Combien coûte le développement?	**Quanto costa lo sviluppo?** *couannto costa lo zvilouppo*
Quand est-ce que les photos seront prêtes?	**Quando saranno pronte le foto?** *couanndo saranno pronnté lé foto*
Je viens chercher mes photos. Voilà le reçu.	**Vorrei ritirare le mie foto. Ecco la ricevuta.** *vorréi ritirâré lé mié foto. eco la ritchévoûta*

Bureau de poste Ufficio postale

Les bureaux de poste italiens portent le signe **PT**. Les boîtes
postales sont rouges en Italie, bien que certains bureaux de
postes soient munis de boîtes jaunes réservées au courrier urgent.

Dans les grandes villes, les principaux bureaux de poste sont
normalement ouverts de 8.30 h à 18.00 h, tandis que les agences plus modestes
ferment leurs portes à 14.00 h. Vous pouvez vous procurer des timbres chez
les buralistes (**tabaccaio**), dans certaines réceptions d'hôtels, de même que
dans les bureaux de poste.

Informations générales Informazioni generali

Où est le bureau de poste principal?	**Dov'è l'ufficio postale principale?** *dové louffitchio postâlé prinntchipâlé*
A quelle heure ouvre/ferme la poste?	**A che ora apre/chiude l'ufficio postale?** *a ké ôra apré/kioudé louffitchio postâlé*
Est-elle fermée pour le déjeuner?	**Chiude per pranzo?** *kioudé pér pranndzo*
Où est la boîte aux lettres?	**Dov'è la cassetta delle lettere?** *dové la cassétta déllé léttéré*
Où est la poste restante?	**Dov'è il Fermo Posta?** *dové il férmo posta*
Est-ce qu'il y a du courrier pour moi?	**C'è posta per me? Mi chiamo …** *tché posta pér mé. mi kiâmo*

Acheter des timbres Comprare francobolli

Un timbre pour cette carte postale, s.v.p.	**Un francobollo per questa cartolina, per favore.** *oun franncobollo pér couésta cartolina pér favôré*
Un timbre à … lire, s.v.p.	**Un francobollo da … lire, per favore.** *oun franncobollo da … liré pér favôré*
Quel est le tarif pour une lettre pour …?	**Quanto costa spedire una lettera a …?** *couannto costa spédîré ouna léttéra a*
Y a-t-il un distributeur automatique de timbres ici?	**C'è un distributore automatico di francobolli qui?** *tché oun distriboutôré aoutomâtico di franncobolli coui*

– Buongiorno, vorrei spedire queste cartoline in Francia,
per piacere. (Bonjour, je voudrais envoyer ces
cartes postales en France, s.v.p.)
– *Quante? (Combien?)*
– Dieci, per favore. (10, s.v.p.)

Envoyer des colis Mandare pacchi

Je voudrais envoyer … ce paquet	**Voglio spedire questo pacco …** *volyo spedíré couésto paco*
par avion	**per via aerea** *pér via aéréa*
en exprès	**per espresso** *pér ésprésso*
Il contient …	**Contiene …** *conntiééné*

Deve compilare il modulo per la dogana.	Veuillez remplir la déclaration de douane.
Che valore ha?	Quelle est la valeur?
Cosa c'è dentro?	Qu'y a-t-il dedans?

Télécommunications Telecomunicazioni

Je voudrais une Télécarte, s.v.p.	**Vorrei una carta telefonica, per favore.** *vorréi ouna carta téléfonica pér favòre*
5 000 / 10 000 lires.	**Da cinquemila/diecimila lire.** *da tchinncouémila/diétchimila liré*
Est-ce qu'il y a un photocopieur?	**Ha un servizio fotocopie?** *a oun sérvitsio fotocopié*
Je voudrais … copies.	**Vorrei … copie.** *vorréi … copié*
Je voudrais envoyer un message …	**Vorrei trasmettere un messaggio …** *vorréi trasméttéré oun méssádjio*
par e-mail / fax.	**per posta elettronica/fax.** *pér posta élétronnica/fax*
Quelle est votre adresse e-mail?	**Qual'è il suo indirizzo di e-mail?** *couálé il souo inndiritso di i-mail*
Est-ce que je peux accéder à l'internet ici?	**Posso accedere all'internet da qui?** *posso atchéédéré alinntérnet da coui*
C'est combien par heure?	**Quanto si paga all'ora?** *couannto si pága allòra*
Comment est-ce que j'entre en communication?	**Come ci si collega?** *còmé tchi si colléga*

Souvenirs Ricordi

L'Italie est un pays féérique pour quiconque aime pratiquer le lèche-vitrines, et jamais vous n'y serez à court d'idées de souvenirs et de cadeaux à emporter au pays.

Les vêtements des stylistes italiens pour hommes, dames et enfants jouissent d'une renommée internationale, il en va de même pour les chaussures, les accessoires et autres articles en cuir (sacs à main, trousses de maquillage, valises). Vous y trouverez également des tricots, divers tissus (soie, lin) et de la dentelle; ou des bijoux, entre autres d'or et d'argent.

Parmi les produits d'artisanat régional, citons la poterie, la céramique, le travail de l'olivier, du verre et du cristal, ainsi que les objets en paille et en raphia.

antiquités	**gli oggetti di antiquariato** *lyi odjétti di annticouariâto*
bijoux	**i gioielli** *i djioiélli*
broderie	**il ricamo** *il ricâmo*
ceramique	**la ceramica** *la tchérâmica*
lainage	**la maglieria** *la malyiéria*
objets en bois	**il lavoro in legno** *il lavoro inn légno*
soie	**la seta** *la séta*
verre	**gli articoli di vetro** *lyi articoli di vétro*

Cadeaux Regali

boîte de chocolats	**una scatola di cioccolatini** *ouna scâtola di tchiocolatini*
bouteille de vin	**una bottiglia di vino** *ouna bottilyia di vino*
calendrier	**un calendario** *oun caléndârio*
carte postale	**una cartolina** *ouna cartolina*
guide-souvenir	**una guida-ricordo** *ouna gouida ricôrdo*
plat céramique	**un piatto in ceramica** *oun piatto inn tchérâmica*
porte-clefs	**un portachiavi** *oun portakiâvi*

Musique Musica

Je voudrais un/une …	**Vorrei …** *vorréi*
cassette	**un nastro/una cassetta** *oun nastro/ouna cassétta*
compact disc/CD	**un compact/un CD** *oun compact/oun tchî dî*
disque	**un disco** *oun disco*
cassette vidéo	**una videocassetta** *ouna vidéo cassétta*
Quels sont les chanteurs/ groupes italiens populaires?	**Chi sono i cantanti/gruppi italiani più famosi?** *ki sóno i canntannti/ grouppi italiâni piou famôzi*

Si vous envisagez d'acheter une vidéo en souvenir de votre voyage en
Italie, assurez-vous qu'elle est bien en SECAM.

Jouets et jeux Giocattoli e giochi

Je voudrais un jouet/un jeu …	**Vorrei un giocattolo/un gioco …** *vorréi oun djiocâttolo/oun djioco*
pour un garçon	**per un bambino** *pér oun bammbîno*
pour une fille de cinq ans	**per una bambina di cinque anni** *pér ouna bammbîna di tchinncoué anni*
un seau et une pelle	**un secchiello e una paletta** *oun sékiéllo é una palétta*
un jeu d'échecs	**un gioco degli scacchi** *oun djioco délyi scaki*
une poupée	**una bambola** *ouna bammbola*
un jeu électronique	**un gioco elettronico** *oun djioco éléttronnico*
un ours en peluche	**un orsacchiotto** *oun orsakiotto*

Antiquités Oggetti di antiquariato

Cela a quel âge?	**Quanti anni ha questo(-a)?** *couannti anni a couésto(-a)*
Avez-vous quelque chose de la période …?	**Ha qualcosa del periodo …?** *â coualcôsa dél périôdo*
Pouvez-vous me l'envoyer?	**Può spedirmelo(-la)?** *pouo spédirmélo(-la)*
J'aurai des problèmes à la douane?	**Avrò problemi con la dogana?** *avro problémi conn la dogâna*
Y a-t-il un certificat d'authenticité?	**C'è un certificato di autenticità?** *tché oun tchértificâto di aouténtitchita*

Supermarché/Minimarché
Supermercato/Negozio di alimentari

Des supermarchés et négociants en alimentation se trouvent
dans la plupart des centres touristiques et dans toutes les
villes; l'Italie abonde toutefois en marchés, boutiques et charcuteries
(**salumeria**), où faire ses emplettes peut s'avérer bien plus amusant.

Au supermarché   Al supermercato

Excusez-moi. Où puis-je trouver …?	**Scusi. Dove posso trovare …?** *scoûzi. dôvé posso trovâré*
Je paye ça ici ou à la caisse?	**Pago qui o alla cassa?** *pâgo coui o alla cassa*
Où sont les paniers/les chariots?	**Dove sono i cestelli/carrelli?** *dôvé sôno i tchestélli/carrélli*
Y a-t-il un/une … ici?	**C'è … qui?** *tché … coui*
charcuterie	**una salumeria** *ouna salouméria*
pharmacie	**una farmacia** *ouna farmatchia*
boulangerie	**una panetteria** *ouna pannéttéria*
Où puis-je trouver des/du… ?	**Dove posso trovare …** *dôvé posso trovâré …*
céréales	**delle cereale** *déllé tchéréâlé*
produits de toilette	**dei prodotti di toletta** *déi prodotti di tolétta*
boîtes de conserve	**delle scatole di conserva** *déllé scâtolé di consérva*
café/thé	**del caffè/tè** *dél caffé/té*
la deuxième allée a gauche	**la seconda corsia a sinistra** *la séconnda corsia a sinistra*
Pourrais-je avoir un sac, s.v.p?	**Posso avere una borsa, per favore?** *posso avééré ouna borsa pér favôré*
Je pense qu'il y a une erreur dans le reçu.	**Penso che ci sia un errore nella ricevuta.** *pénso ké tchi sia oun érrôre nélla ritchévoûta*

PANE E DOLCI	boulangerie et pâtisserie
PRODOTTI DI PULIZIA	produits d'entretien
LATTICINI	produits laitiers/crémerie
PESCE FRESCO	poissonnerie
CARNI FRESCHE	boucherie
PRODOTTI FRESCHI	produits frais
PRODOTTI SURGELATI	produits surgelés
ARTICOLI CASALINGHI	articles ménagers
POLLAMI	volaille
FRUTTA E VERDURA	fruits et légumes
VINI E LIQUORI	vins et spiritueux

CONSUMARE ENTRO ...	à consommer dans les ...
DAL GIORNO DI APERTURA.	jours après ouverture
TENERE IN FRIGORIFERO	à conserver au réfrigérateur
ADATTO(-A) ALLA COTTURA	pour four à micro-ondes
NEL FORNO A MICROONDE	
DATA DI SCADENZA ...	date limite ...
PER VEGETARIANI	pour végétariens

del pane *dél pâné*

Le pain, très populaire et de grandes variétés, nous ne citerons que le **pane all'olio** (à l'huile d'olive), le **pane al latte** (pain au lait), le **panettone** (spécialité de Noël au beurre avec les fruits confis et des raisins secs), le **pandoro** (une mousseline couverte de sucre vanillé), le **pangiallo** et le **panforte** (spécialité de Sienne aux amandes et au miel), le **panpepato** (pain épicé aux noisettes) et la **veneziana** (pain doux avec amandes entières).

focaccia *focâtchia*

Pain plat qui peut être épicé – **alla salvia** (sauge), – **alla salsiccia** (saucisse) ou – **alle noci** (aux noix).

> – Scusi, dove posso trovare del formaggio?
> (Excusez-moi, où puis-je trouver du fromage?)
> – *Fresco o già confezionato? (Frais ou déjà conditionné?)*
> – Confezionato, per favore. (Conditionné, s.v.p.)
> – *Bene, la seconda corsia a sinistra.*
> *(Bien, la deuxième allée à gauche.)*

Au magasin d'alimentation
Al negozio di alimentazione

Je voudrais de ça/ceci.	**Vorrei un pò di quello/ questo.** *vorréi oun po di couéllo/couésto*
celui-ci/ceux-là	**questo/quelli** *couésto/couélli*
à gauche/droite	**a sinistra/destra** *a sinnistra/déstra*
là-bas/ici	**lì/qui** *li/coui*
lequel/laquelle/lesquel/ lesquelles?	**quale/quali** *couâlé/couâli*
C'est tout, merci.	**È tutto, grazie.** *é toutto grâtsié*
Je voudrais un/une …	**Vorrei …** *vorréi*
kilo de pommes	**un chilo di mele** *oun kilo di méélé*
livre de tomates	**un mezzo chilo di pomodori** *oun métso kilo di pomodôri*
100 grammes de fromage	**cento grammi di formaggio** *tchénnto grammi di formâdjio*
litre de lait	**un litro di latte** *oun litro di latté*
demi-douzaine d'œufs	**una mezza dozzina di uova** *ouna métsa dotsîna di ouôva*
… tranches de jambon	**… fette del prosciutto affettato …** *fétté dél prochoutto afféttâto*
morceau de gâteau	**un pezzo di torta** *oun pétso di torta*
boîte de chocolats	**una scatola di cioccolatini** *ouna scâtola di tchocolatîni*
bouteille de vin	**una bottiglia di vino** *ouna bottilyia di vîno*
brique de lait	**una scatola di latte** *ouna scâtola di latté*
pot de confiture	**un vasetto di marmellata** *oun vasétto di marméllâta*

159

– Vorrei mezzo chilo di quel formaggio, per favore.
(Je voudrais demi kilo de ce fromage, s.v.p.)
– Questo? *(Celui-ci?)*
– Sì, il gorgonzola, per piacere.
(Oui, le gorgonzola, s.v.p.)
– Certo. È tutto? *(Très bien. Et avec ça?)*
– E 300 grammi di quel prosciutto a sinistra, per favore.
(Et 300 g. de ce jambon à gauche, s.v.p.)
Ecco. *(Voilà.)*

Provisions/Pique-nique   Provviste/Picnic

beurre	**il burro** *il bourro*
biscuits	**i biscotti** *i biscotti*
boisson sans alcool	**la bibita analcolica** *la bibita annalcolica*
bouteille de vin	**la bottiglia di vino** *la bottilya di vino*
café soluble	**il caffè solubile** *il caffé soloûbile*
frites	**le patate fritte** *lé patâté fritté*
fromage	**il formaggio** *il formâdjo*
glace	**il gelato** *il djélâto*
lait	**il latte** *il latté*
margarine	**la margarina** *la margarîna*
œufs	**l'uova** *louôva*
pain	**la pagnotta di pane** *a pagnotta di pâné*
petits pains	**i panini** *i panîni*
pommes chips	**le patatine confezionate** *lé patatîné connfètsionâté*
raisin	**l'uva** *loûva*
sachets de thé	**le bustine di tè** *lé boustîné di té*
saucisses	**le salciccie** *lé saltchitchié*
yaourt	**yogurt** *yogourt*

VIANDE ➤ 46; LEGUMES ➤ 47

Urgences/Santé

Police Polizia

En Italie, composez le ☎ **113** pour tous les services d'urgence et le ☎ **118** en cas d'incendie.

Composez le ☎ **117** pour appeler la police en Suisse.

Prenez garde aux voleurs à la tire, en particulier dans les endroits très fréquentés. Signalez tout vol à la police locale dans les 24 heures, afin que puisse intervenir votre assurance personnelle.

Où est le … le plus proche?	**Dov'è … più vicino(-a)?** *dové … piou vitchìno(-a)*
commissariat de police	**il Commissariato/la Questura** *il commissariàto/la couéstoûra*
Est-ce qu'il y a quelqu'un qui parle français?	**C'è qualcuno che parla francese?** *tché coualkóuno ké pârla franntchéésé*
Je veux signaler …	**Voglio denunciare …** *vòlyio dénountchiâré*
un accident/une attaque	**un incidente/un'aggressione** *oun inntchidénté/oun agréssiôné*
une agression/un viol	**un'aggressione per rapina/uno stupro** *oun aggréssiôné pér rapîna/ ôuno stoupro*
Mon enfant a disparu.	**Il/la mio(-a) bambino(-a) è scomparso(-a).** *il/la mìo(-a) bammbîno(-a) é scommpârso(-a)*
Quelqu'un me suit.	**Qualcuno mi sta seguendo.** *coualcóuno mi sta ségouéndo*
Je voudrais un avocat qui parle français.	**Vorrei un avvocato che parla francese.** *vorréi oun avocâto ké pârla franntchéésé*

161

Pertes/Vol Oggetti smarriti/Furti

Je veux signaler un cambriolage.	**Voglio denunciare un furto/una rapina.** _volyio dénountchiâré oun fourto/ouna rapîna_
J'ai été agressé/volé.	**Sono stato aggredito/derubato.** _sôno stâto aggrédito/déroubâto_
J'ai perdu ...	**Ho perso ...** _o pérso_
On m'a volé mon/ma/mes ...	**Mi hanno rubato ...** _mi anno roubâto_
vélo	**la bicicletta** _la bitchiklétta_
appareil-photo	**la macchina fotografica** _la makinna fotografica_
voiture (de location)	**l'auto (noleggiata)** _laouto (nolédjiâta)_
cartes de crédit	**le carte di credito** _lé carté di crédito_
sac à main	**la borsetta** _la borsétta_
argent	**i soldi** _i soldi_
passeport	**il passaporto** _il passaporto_
porte-monnaie	**il portamonete** _il portammonéété_
billet	**il biglietto** _il bilyiétto_
portefeuille	**il portafoglio** _il portafolyio_
montre	**l'orologio da polso** _lorolodjio da polso_
Que dois-je faire?	**Cosa faccio?** _côsa fatchio_
Il me faut un certificat de police pour ma compagnie d'assurances.	**Devo avere una copia della mia denuncia per la mia assicurazione.** _déévo avééré ouna copia délla mia dénountchia pér la mia assicouratsiôné_

Cosa manca?	Qu'est-ce qui (vous) manque?
Quando è successo?	Quand cela s'est-il passé?
Dove alloggia?	Où logez-vous?
Da dove è stato(-a) preso(-a)?	Où a-t-il/elle été volé(e)?
Dov'era lei in quel momento?	Où étiez-vous à ce moment-là?
Le abbiamo chiamato un interprete.	Nous allons vous procurer un interprète.
Ci occuperemo della faccenda.	Nous allons nous occuper de l'affaire.
Compili questo modulo, per favore.	Pouvez-vous remplir ce formulaire, s.v.p.?

Assurances et paiements (➤ 168 pour expressions)

En Italie, les citoyens de l'UE munis d'un formulaire E111 bénéficient gratuitement de traitements médicaux, dispensés par la sécurité sociale italienne.

Le département des urgences du centre hospitalier (**Pronto Soccorso**) traitera toutes les urgences.

Toutefois, si vous n'êtes pas citoyen de l'UE ou si vous ne possédez pas de formulaire E111, vous devrez signer ultérieurement une déclaration à votre charge ou à celle de votre consulat.

Où est-ce que je peux trouver un médecin/dentiste?	**Dove posso trovare un medico/ un dentista?** _dové posso trovâré oun méédico/oun déntista_
Où y a-t-il un médecin qui parle français?	**C'è un medico che parla francese?** _tché oun méédico ké pârla franntchéésé_
Quelles sont les heures de consultation au cabinet?	**Quando apre l'ambulatorio?** _couanndo apré lamboulatôrio_
Est-ce que je peux prendre rendez-vous pour …?	**Vorrei (fissare) un appuntamento per …?** _vorréi (fissâré) oun appountaménto pér_
aujourd'hui/demain	**oggi/domani** _odji/domâni_
C'est urgent.	**È urgente.** _é ourdjénté_
J'ai rendez-vous avec le docteur/la doctoresse …	**Ho un appuntamento con il dottore/ la dottoressa …** _o oun apountaménto con il dottôré/la dottoréssa_
Mon/Ma … s'est fait mal/ est blessé(e).	**… si è fatto(-a) male/è ferito(-a).** _si é fatto(-a) mâlé/é férito(-a)_
mari/femme	**Mio marito/Mia moglie** _mio marito/mia molyié_
fils/fille	**Mio figlio/Mia figlia** _mio filyio/mia filyia_
ami(e)	**Il mio amico/La mia amica** _il mio amico/la mia amica_
bébé	**Il mio bambino/La mia bambina** _il mio bambîno/la mia bambîna_
Il/Elle est sans connaissance.	**Ha perso conoscenza.** _a pérso conochéntsa_
Il/Elle saigne (beaucoup).	**Perde (molto) sangue.** _pérdé (molto) sanngoué_

Symptômes   Sintomi

Je suis malade depuis … jours.	**Mi sento male da … giorni.** *mi sénto mâlé da … djiôrni*
Je vais m'évanouir.	**Mi sento svenire.** *mi sénto svenîré*
J'ai de la fièvre.	**Mi sento la febbre.** *mi sénto la fébbré*
J'ai vomi.	**Ho vomitato.** *o vomitâto*
J'ai la diarrhée.	**Ho la diarrea.** *o la diârréa*
J'ai [un/une/des] …	**Ho …** *o*
coup de soleil	**un colpo di sole** *oun colpo di sôlé*
crampes	**i crampi** *i crammpi*
mal au dos	**male alla schiena** *mâlé alla skiééna*
rhume	**il raffreddore** *il raffréddôré*
mal à l'oreille	**male alle orecchie** *mâlé allé orrékié*
mal à la tête	**mal di testa** *mâl di tésta*
mal à la gorge	**mal di gola** *mâl di gôla*
torticolis	**il torticollo** *il torticollo*
mal à l'estomac	**mal di stomaco** *mâl di stommaco*

Problèmes médicaux   Stato di salute

J'ai de l'arthrite.	**Ho l'artrite** *o lartrîté*
J'ai de l'asthme.	**Ho l'asma** *o lasma*
Je suis …	**Sono …** *sôno*
sourd	**sordo(-a)** *sôrdo(-a)*
diabétique	**diabetico(-a)** *diabético(-a)*
épileptique	**epilettico(-a)** *épiléttico(-a)*
handicapé(e)	**disabile** *disâbilé*
enceinte (de … mois)	**incinta di … mesi** *inntchinnta di … méési*
Je souffre du cœur.	**Ho disturbi cardiaci.** *o distourbi cardiatchi*
J'ai de l'hypertension.	**Ho la pressione alta.** *o la préssiôné alta*
J'ai eu une crise cardiaque il y a … ans.	**Ho avuto un infarto … anni fa.** *o avouto oun innfârto … anni fa*

Questions du docteur
Domande del dottore

Da quanto tempo si sente così?	Depuis combien de temps vous sentez-vous comme ça?
È la prima volta che ha avuto questo?	Est-ce que c'est la première fois que vous avez ça?
Prende altre medicine?	Est-ce que vous prenez d'autres médicaments?
È allergico(-a) a qualcosa?	Est-ce que vous êtes allergique à quelque chose?
È vaccinato(-a) contro il tetano?	Est-ce que vous avez été vacciné(e) contre le tétanos?
Ha perso l'appetito?	Est-ce que vous avez perdu l'appétit?

Examen La visita medica

Le prendo la temperatura/ la pressione del sangue.	Je vais vous prendre la température/ tension.
Arrotoli/tiri sù la manica, per favore.	Remontez votre manche, s.v.p.
Si spogli fino alla vita, per favore.	Déshabillez-vous jusqu'à la ceinture, s.v.p.
Si sdrai, per favore.	Allongez-vous, s.v.p..
Apra la bocca.	Ouvrez la bouche.
Respiri profondamente.	Respirez profondément.
Tossisca, per favore.	Toussez, s.v.p.
Dove le fa male?	Où est-ce que vous avez mal?
Fa male qui?	Est-ce que ça vous fait mal ici?

Diagnostic Diagnosi

Deve fare una radiografia.	Il faut vous faire une radio.
Voglio un campione di sangue/feci/urina.	J'ai besoin d'une prise de sang/ d'un examen des selles/ d'une analyse d'urine.
Deve farsi visitare da uno specialista.	Je veux que vous alliez voir un spécialiste.
Deve andare in ospedale.	Je veux vous hospitaliser.
È rotto(-a)/slogato(-a).	C'est cassé/foulé.
È dislocato(-a)/strappato(-a).	C'est disloqué/déchiré.

Traitement Cura

Le do …	Je vais vous donner …
un antisettico	un antiseptique
un analgesico	un analgésique
Le prescrivo …	Je vais vous prescrire …
una cura di antibiotici	des antibiotiques
delle supposte	des suppositoires
È allergico(-a) a qualche medicina?	Est-ce que vous êtes allergique à certains médicaments?
Prenda una pillola …	Prendre une pilule/un comprimé
ogni … ore/… volte al giorno	…toutes les … heures/… fois par jour
prima/dopo dei pasti	avant/après les repas
in caso di dolore	en cas de douleurs
per … giorni	pendant … jours
Ritorni fra … giorni.	Revenez dans … jours.
Consulti un medico quando ritorna a casa.	Consultez un médecin à votre retour.

Parties du corps Parti del corpo

amygdales	**le tonsille** *lé tonnsillé*
appendice	**l'appendice** *lappénditché*
articulation	**l'articolazione** *larticolatsiōné*
cœur	**il cuore** *il couŏré*
côte	**la costola** *la costōla*
cou	**il collo** *il collo*
dos	**il dorso/la schiena** *il dorso/la skiéena*
épaule	**la spalla** *la spalla*
estomac	**lo stomaco** *lo stommaco*
foie	**il fegato** *il fégato*
glande	**la ghiandola** *la ghianndola*
gorge	**la gola** *la gôla*
langue	**la lingua** *la linngoua*
mâchoire	**la mascella** *la machélla*
main	**la mano** *la mâno*
muscle	**il muscolo** *il mouscolo*
os	**l'osso** *losso*
peau	**la pelle** *la péllé*
poitrine	**il torace** *il torâtché*
rein	**il rene** *il réné*
tête	**la testa** *la tésta*
veine	**la vena** *la véna*

Gynécologue Ginecologo

J'ai …   **Ho … ** *o*

des douleurs abdominales   **dolori addominali**
                                    dolôri addominnâli

des règles douloureuses   **mestruazioni dolorose**
                                    méstrouatsiôni dolorôsé

une infection vaginale   **un'infezione vaginale**
                                    oun innfétsiône vadjinnâlé

Je n'ai pas eu mes règles   **Non ho le mestruazioni da … mesi.**
depuis … mois.   *non o lé méstroutsiôni da … méési*

Je prends la pilule.   **Prendo la pillola (anticoncezionale).**
                                    préndo la pillola (anticonntchétsionâlé)

Hôpital Ospedale

Prévenez ma famille, s.v.p.   **Per favore informi la mia famiglia.**
                                    pér favôré innformi la mia familyia

J'ai mal./Je souffre.   **Ho dolori.** *o dolôri*

Je ne peux pas manger/dormir.   **Non posso mangiare/dormire.**
                                    non posso mandjiâré/dormîré

Quand est-ce que le   **Quando verrà il dottore?**
docteur passera?   *couanndo vérra il dottôré*

Opticien Ottico

Je suis myope/presbyte.   **Sono miope/presbite.**
                                    sôno miopé/présbité

J'ai perdu …   **Ho perso …** *o pérso*

une de mes lentilles de contact   **una delle mie lenti a contatto**
                                    ouna déllé mié lénti a conntatto

mes lunettes   **i miei occhiali** *i miéi okiâli*

un verre   **una lente** *ouna lénté*

Pourriez-vous me le/la changer?   **Può sostituirmelo(-la)?**
                                    pouo sostitouirmélo(-la)

Dentiste Dentista

Si vous devez vous rendre chez le dentiste, vous devrez
probablement régler ses honoraires sur-le-champ;
conservez tout reçu en vue du remboursement.

J'ai mal aux dents.	**Ho mal di denti.** *o mâl di dénti*
Cette dent me fait mal.	**Questo dente mi fa male.** *couésto dénté mi fa mâlé*
J'ai perdu un plombage/ une dent.	**Ho perso un'otturazione/un dente.** *o pérso oun ottouratsiôné/oun dénté*
Est-ce que vous pouvez réparer ce dentier?	**Può riparare questa dentiera?** *pouo riparâré couésta déntiéra*
Je ne veux pas que vous me l'arrachiez.	**Non voglio un'estrazione.** *non volyio oun éstratsiôné*

Le faccio un'iniezione/ un'anestesia locale.	Je vais vous faire une piqûre/ une anesthésie locale.
Ci vuole un'otturazione/ una capsula/una corona.	Il faut vous faire un plombage/ vous mettre une couronne.
Devo fare un'estrazione.	Je dois l'arracher.
Posso fissarlo solo temporaneamente.	Je ne peux vous donner qu'un traitement provisoire.
Non mangi niente per ... ore.	Ne mangez rien pendant ... heures.

Paiement/Assurance
Pagamento/Assicurazione

Combien je vous dois?	**Quanto le devo?** *couannto lé déévo*
J'ai une assurance.	**Sono assicurato.** *sôno assicourâto*
Puis-je avoir un reçu pour mon assurance maladie?	**Vorrei una ricevuta per la mia assicurazione medica.** *vorréi ouna ritchévoûta pér la mia assicouratsiôné méédica*
Pourriez-vous remplir cette feuille d'assurance maladie?	**Compili questo modulo di assicurazione medica, per favore.** *commpîli couésto modoûlo di assicouratsiôné méédica pér favôré*
Est-ce que vous avez ...?	**Ha ...?** *a*
le formulaire E111/une assurance maladie	**il modulo E111/l'assicurazione medica** *il modulo é-tchento-ounditchi/ lassicouratsiôné médica*

Lexique
Français–Italien

Pour tirer le maximum d'avantages de ce lexique, la plupart des termes sont soi, suivies d'une expression, soi d'une référence à une page dans laquelle le terme apparaît dans son contexte. Les notes ci-dessous donnent les grandes lignes de base de la grammaire italienne.

Les noms

Les noms sont classés en genre masculin ou féminin comme en français. Les noms se terminant par **-o** sont généralement masculins (ils forment leur pluriel en remplaçant le **-o** par un **-i**). Les noms se terminant par **-a** sont généralement féminins (ils forment leur pluriel en remplaçant le **-a** par un **-e**). Les noms se terminant par **-e** sont de l'un ou de l'autre genre (ils forment leur pluriel en remplaçant le **-e** par un **-i**). Les articles dépendent du genre du nom et de sa première lettre:

	article défini (le, la, les)		article indéfini (un, une, des)	article partitif (du, de la, des)	
	singulier	pluriel		singulier	pluriel
masculin commençant avec:					
une voyelle	l'amico	gli amici	un amico	dell'amico	degli amici
z ou **s** + consonne	lo studio	gli studi	uno studio	dello studio	degli studi
toutes les autres consonnes	il treno	i treni	un treno	del treno	dei treni
féminin commençant avec:					
une voyelle	l'ora	le ore	un'ora	dell'ora	delle ore
une consonne	la casa	le case	una casa	della casa	delle case

Les adjectifs

Les adjectifs s'accordent en genre et en nombre avec le nom qu'ils qualifient; pour mettre un adjectif au féminin on remplace le **-o** par un **-a**. Les adjectifs se terminant par **-e** peuvent être soit masculin ou féminin. Le pluriel se forme comme celui des noms.

leggero/leggera	léger/légère
il museo grande/la casa grande	le grand musée/la grande maison
il museo italiano – i musei italiani	**la cattedrale interessante – le cattedrali interessanti**

Dans ce lexique vous trouverez seulement la forme masculin.

Les verbes

Les verbes sont en général présentés à l'infinitif ici. Voici le présent des verbes réguliers des trois groupes:

	amare (aimer) terminaison en **-are**	**vendere** (vendre) terminaison en **-ere**	**partire** (partir) terminaison en **-ire**
io (je)	amo	vendo	parto
tu (tu)	ami	vendi	parti
lui, lei (il, elle)	ama	vende	parte
noi (nous)	amiamo	vendiamo	partiamo
voi (vous)	amate	vendete	partite
essi/esse (ils, elles)	amano	vendono	partono

Nota bene: les pronoms sujets sont généralement omis en italien, à moins que l'on désire insister. On forme en général la forme négative en mettant **non** devant le verbe: **Non vado a Roma.** Je ne vais pas à Rome.

A **à** (+ *heure*) alle 13; **à 2 km de …** a due kilometri da 88

à bientôt a presto 126

abîmé danneggiato(a) 71

à côté des pommes accanto alle mele 12

à l'avance in anticipo 21

à l'étage: ~ d'en bas al piano inferiore 12; **~ d'en haut** al piano superiore 12

à l'étranger all'estero

à l'extérieur all'esterno

à quelle heure: ~ commence-t-il? a che ora comincia? 108; **~ heure finit-il?** a che ora finisce? 108

abbaye abbazia f 99

accélérateur acceleratore m 91

accepter accettare 125

accès accesso m 100

accessible: est-ce accessible aux handicapés? c'è accesso per disabili?

accident incidente m 92, 161

accompagnement contorno m 38

accompagner accompagnare 65

accueil ricezione f

acheter comprare

acide acido 41

acier inoxydable acciaio inossidabile m

acteur/actrice attore/attrice m/f

addition: l'addition, s.v.p.! il conto per piacere 42

adjacentes adiacenti 22

adresse indirizzo m 84, 93, 126, 139

adulte adulto m 100

aéroglisseur aliscafo m 81

aéroport aeroporto m 84, 96

affaires: pour affaires per lavoro 66

Afrique Africa f 119

agence de voyages agenzia viaggi 26

agent immobilier agente m immobiliare

agrandir ingrandire 152

agréable gradevole 14

agressé aggredito 162

agression aggressione f 161

aide aiuto m 94

aider aiutare 18, 92, 224; **aidez moi** mi aiuti 92

aimable amichevole

aimer: j'aime mi piace 121; **j'aimerais** mi piacerebbe; **je t'aime** ti amo; **aimez-vous …?** le piace …? 125

alarme d'incendie allarme m antincendio

alcool alcool m

aliments pour bébé alimenti per neonati mpl 143

allée (*supermarché*) corsia f 158

aller andare 18, 83; **allons-nous en!** andiamo!; **où allez-vous?** dove va? 83; **pour aller à…?** come si arriva a …? 94; **ça vous va?** (*vêtements*) come le va? 147; **allez** va 12; **allez-vous en!** Se ne vada!

aller faire les courses andare a fare la spesa

aller-retour andata e ritorno 68, 74, 81

aller-simple andata f 68, 74

allergie allergia f

allergique allergico 165, 166

alliance anello matrimoniale m

allô pronto 128

allumer accendere 25

allumettes fiammiferi mpl 31, 151

alors poi 13

alternateur alternatore m 91

ambassade ambasciata f

ambassadeur ambasciatore/ ambasciatrice m/f

ambulance ambulanza f 92

amende ammenda f 93

amener portare 125

amer amaro 41

ami amico 120, 163

amortisseurs ammortizzatori mpl 91

ample largo 147

ampoule vescica f 141; **~ électrique** lampadina f 82, 149

amusant divertente 101

amuser, s' divertirsi; **nous nous amusons** ci stiamo divertendo 123

amygdales tonsille fpl 166

an anno m

analgésique analgesico m 142, 66

analyse d'urine campione di urina m 165

anesthésie anestesia f

anesthésie locale anestesia locale f 168

angine angina f

animal animale m 106

année anno m 218

anniversaire compleanno m 219

annuaire elenco m abbonati

annuler annullare 68

antibiotiques antibiotici mpl 166

Antilles Antille fpl 119

antiquaire antiquariato m 130

antiquités oggetti di antiquariato mpl 156

antiseptique antisettico m 166

antivol antifurto m 82

août agosto 218

aphte afta f

appareil de surdité protesi f per udito

appareil photo macchina fotografica f 152, 162

appartement appartamento m 28, 123

appel téléphonique telefonata f 32

appeler chiamare; **appelez-moi** (téléphone) mi chiami 127; **il s'appelle** si chiama 120;

appeler, s' chiamarsi 120; **je m'appelle** mi chiamo

appendice appendicite f 166

apprendre apprendere

après dopo 13, 95

après-midi pomeriggio; **l'après-midi** di pomeriggio 220

après-shampooing balsamo m 143

arbre albero m 106

arbre à cames albero a camme m 91

architect architetto(-a) m/f

argent (métal) argento m 150

argent (a. liquide) contanti 42

argent (monnaie) soldi mpl 136, 162

arracher (dent) estrazione f 168

arrêt fermata f 79

arrêt d'autobus fermata d'autobus f 65, 96

arrêter, s' fermarci 98; **nous nous arrêtons** ci fermiamo 77

arrêts (de bus/de car) piazzole di sosta fpl 78

arrhes anticipo m 24, 83

arrivée arrivo m 66, 70

arriver arrivare 17; **quand arrivons-nous?** quando arriviamo? 77; **j'arrive à 5 heures** arrivo alle cinque

art arte f

arthrite artrite f 164

articles de toilette articoli da toletta mpl 143

A-Z

articulation articolazione f 166
artisanat artigianato m
artiste artista m/f
ascenseur acensore m 26, 132
aspirine aspirina f 142
aspirine soluble aspirina solubile f
asseoir: je m'asseois ici mi siedo
qui 126; **asseyez-vous, s.v.p.** si
accomodi, per favore; **pouvons-
nous nous asseoir** vorremmo
sederci … 36
assez abbastanza 15
assiette piatto m 39, 149;
~ anglaise antipasto assortito
m 43
assurance assicurazione f 86, 162;
compagnie d'~ compagnia
d'assicurazione f; **~ au tiers**
assicurazione di responsabilità
civile **~ tous risques** assicurazione
completa f 86; **feuille d'~ maladie**
modulo di assicurazione
medica m 168
asthme astma f 164
attaque aggressione f 161
**attendre: combien de temps devrons-
nous attendre?** quanto tempo si
deve aspettare? 112; **attendez!**
aspetti! 98
attention: faites attention! faccia
attenzione!
attraper (train, bus) prendere
au moins minimo 23
au revoir arrivederci 10, 128, 224
auberge ostello m 20; osteria f 33;
~ de jeunesse ostello m della
gioventù 20, 29
aucun(e) nessuno 15, 16
augmenter (chauffage) aumentare il
riscaldamento
aujourd'hui oggi 89, 124, 163, 218

aussi così/tanto
auteur commediografo m 110
auto-stop autostop m 83
autocar corriera f 78
automne autunno m 219
autoroute autostrada f 85, 92
autour de intorno
autre altro; **autre chose?** nient'
altro? **quelque chose d'autre**
qualcos'altro
avance: en avance di anticipio
m 221
Autriche Austria f
avant prima 13
avec con
avion aereo m 168, 123; **par ~** per
via aerea f 154
avocat avvocato m 161
avoir avere 18; **avez-vous …?**
ha …? 129
avril aprile 218

B **baby-sitter** babysitter f 113
bagages bagagli mpl 32, 67,
71; **~ à main** borse a mano fpl 69
bagarre rissa f
bague anello m 150
baigner, se nuotare 116
bain bagno m
baisser (chauffage) abbassare il
riscaldamento
balcon balcone m 29
ballet balletto m 108, 111
bandages bende mpl 142
banque banca 130, 138
bar bar 26, 35, 112, 124
barbe barba f
bas basso 122
bas (vêtement) calze fpl 145
baskett pallacanestro f 114

bateau nave f 81

bâtiment edificio m

bâtons *(de ski)* bastoncini mpl 117

batterie batteria f 88, 91

bavoir bavaglino m

beau bello 14, 101

beaucoup molto 15; **~ plus** molto di più 15

bébé bambino m 163, neonato m 143

beige beige 144

belge belga

Belgique Belgio m 119

béquille il cavalletto 82

béquilles stampelle f

berceau culla f 22

berline berlina f

besoin: j'ai besoin bisogno

bêtises stupidaggini mpl 19

beurre burro m 38, 43, 160

biberon poppatoio m

bibliothèque biblioteca f 131

bicyclette bicicletta f 83

bidet bidè m

bidon d'eau bottiglia f dell'acqua 82

bien bene

bien sûr certo 19

bientôt presto/fra poco 13

bienvenue à benvenuto a …

bière birra f 40, 49

bigoudis bigodino m

bijouterie gioielleria f 130, 150

billet biglietto m 65, 75, 162, 100; **~ pour la journée** biglietto m giornaliero

biscuits biscotti fpl 160

bizarre bizzarro 101

blaireau *(à raser)* spazzola f per barba

blanc bianco 144

blessé ferito 92, 163; **il/elle est grièvement blessé** è gravemente ferito 92

blessure ferita f 92, 141

bleu blu 144

blouson imperméable giacca impermeabile f 146

boire bere

bois de chauffage legna f ardere

boisson bevande fpl 49, 51; **~ sans alcool** bibita analcolica f 160

boîte scatola f 110, 159; **~ aux lettres** buca f delle lettere 153; **~ de chocolats** scatola di cioccolatini f 155

boîte de nuit locale m notturno

boîte de vitesses scatola f cambio 91

bon buono 14

bon anniversaire! buon compleanno! 219; **~ appétit** buon appetito m 37; **~ marché** a buon prezzo 14, 35, economico 134; **~ voyage!** buon viaggio! 219

bonbons caramelle f 151

bonjour buongiorno m 10, 224

bonne année! felice Anno Nuovo! 219

bonne chance! buona fortuna! 219

bonne nuit buonanotte f 10

bonsoir buona sera f 10, 224

bosse bernoccolo m 141

bottes stivali mpl 146

bouché bloccato 25

bouche bocca f 165, 166

boucherie macelleria f 130

bouchon tappo m; **tire-bouchon** cavatappi m

bouchon de réservoir *(d'essence)* tapo m del serbatoio 90

boucles d'oreilles orecchini mpl 150
bouée de sauvetage salvagente m
bougies candele f 91, 149
bouilli bollito
bouilloire bollitore m 29
bouillon brodo m 44
bouillotte borsa dell'acqua calda f
boulangerie panetteria 130, 157
bouteille bottiglia f 37, 159; ~ **de vin** bottiglia di vino f 155; ~ **thermos** bottiglia thermos f; ~ **de gaz** bombole di gas fpl 28
bouton bottone m
bracelet braccialetto m 150
bras braccio m
brillant *(photo)* smaltato
brique *(de lait)* scatola f 159
briquet accendino m 151
broderie ricamo m 155
bronchite bronchite f
bronzage bronzatura f
bronzer, se abbronzarsi
brosse à cheveux spazzola f
brosse à dents spazzolino da denti m
brouillard: il y a du ~ è nebbioso 122
brûlure scottatura f 141
bruyante rumorosa 24
bureau ufficio m; ~ **de change** ufficio cambio m 70, 73, 138; ~ **de poste** ufficio postale m 96, 153; ~ **des objets trouvés** ufficio oggetti smarriti m 73; ~ **des renseignements** sportello informazioni m 73; ~ **des réservations** botteghino m 109
bus autobus m 17, 78; pullman m 123

C **c'est** è 14, 16, 17
ça suffit! basta! 19
câble de changement de vitesse cavo m del cambio 82
câble de frein cavo m dei freni 82
cabine pour deux cabina doppia f 81; ~ **pour une personne** cabina singola f 81; ~ **téléphonique** cabina f telefonica 127; ~ **d'essayage** cabina di prova 147
cabinet médical ambulatorio m 163
cabinets gabinetti mpl 96
câbles de secours *(pour batterie)* cavi della batteria mpl
cadeau regalo m 67
cadenas lucchetto m
cadre telaio m 82
cafard scarafaggio m
café caffè m 40, 51, 157; ~ **soluble** caffè solubile m 160
caisse cassa f 132, 157
caleçon mutande fpl 145
calendrier calendario m 155
calme tranquillo 126
cambriolage rapina f 162
camion camion m / autocarro m
campagne campagna f 106
camping campeggio m 30, 123
camping-gaz campingas m 31
Canada Canada m 119
canadien canadese
cancer cancro m
canne à pêche canna f da pesca
canot automobile barca f a motore 116
capot cofano m 90
carafe caraffa f 37
caravane carovana f 30, 81
carburant benzina f 86
carburateur carburatore m 91

cardiaque *(problèmes)* disturbi cardiaci fpl 164

carnet de billets blocchetto di biglietti m 79; **~ de chèque** assegno m/libretto m degli assegni

carré quadrato 134

carrefour incrocio m 95

carte carta f 94, 99, 106

carte bancaire carta f bancaria; carta f assegni; **~ d'abonnement** tessera f; **~ de crédit** carta di credito f 17, 42, 109, 136; **~ des vins** la lista f dei vini 37; **~ grise** documenti del veicolo mpl 93; **~ postale** cartolina f 151, 155; **~ routière** carta stradale f 151

casque casco m 82

casque à vélo casco m per ciclista

cassé rotto 25, 137, 165

casse-croûte spuntini mpl

casser: nous avons cassé abbiamo rotto 28

casserole pentola f 29

cassette cassetta f 156

cassette nastro m 156

cassette vidéo videocassetta f 156

cathédrale cattedrale f duomo m 99

catholique cattolica 105

caverne caverna f 107

CD un CD m 156

CD, disque compact compact m; CD m

ce soir questa sera 124

ceinture de sécurité cintura f di sicurezza 90

ceinture cintura f 145; **~ de sauvetage** cintura di salvataggio f 81

cela questo

célèbre famoso

célibataire celibe 120

celle-ci questa 16

celle-là quella 16

celui-ci questo 16

celui-là quello 16

cendrier portacenere m 39

cent cento 217

centre centro m 17, 83; **~ commercial** zona dei negozi f 130; **~ -ville** centro città m 21, 99

céramique ceramica f

certificat certificato m 150; **~ d'authenticité** certificato di autenticità m 156; **~ de police** copia della mia denuncia f 162

chaîne catena f 82

chaîne de montagnes catena f di montagne 107

chaise haute *(pour bébé)* seggiola per bambini f 39

chaise longue sedia a sdraio f 116

chaise pliante sedia pieghevole f

chaloupe de sauvetage scialuppa di salvataggio f 81

chambre camera f 21, 24, 25, 27; camera da letto f 29; **~ à un lit** camera matrimoniale f 21; **~ pour 2 personnes** camera f doppia 21

chambre à air la camera f d'aria 82

champ campo m 107; **~ de bataille** campo di battaglia m 99

champignons funghi mpl 47

changer cambiare 68, 75, 79, 138

chanteur(euse) cantante f/m

chapeau cappello m 145

chaque ogni 13; **~ jour** ogni giorno

charbon carbone m 31

charcutier salumeria f 130

chariot carrello m; **~ à bagages** carrelli portabagagli mpl 71; **~ *(supermarché)*** carrelli mpl 157

chasse d'eau: la chasse d'eau ne marche pas la sciacquone f non funziona

château castello m 99

chaud caldo 14, 24

chauffage riscaldamento m 25; **~ central** riscaldamento centrale m

chauffage *(voiture)* impianto m di riscaldamento 91

chauffe-eau scaldacqua m 28

chauffeur conducente m; autista m

chaussettes calzini mpl 145

chaussures scarpe fpl 146; scarponi mpl 115; **~ de marche** scarponi mpl 146; **~ de ski** scarponi da sci mpl 117; **~ de sport** scarpe da ginnastica fpl 146; **~ tennis** scarpe fpl tennis

chef *(de groupe)* capo (del gruppo)

chef d'orchestre direttore d'orchestra m 111

chemin via f 18

chemise camicia f 145

chemisier camicetta f 145

chèque assegno m; **carnet de ~** libretto m degli assegni; **~ de voyage** assegno turistico m 136

cher caro 14, 134

chercher cercare 18; **je cherche** cerco 133; **je viendrai les ~** li passo a prendere 113

cheval cavallo m

chewing-gum gomma da masticare f 151

chien cane

chinois cinese 35

choc *(électrique)* scossa f elettrica

chocolat *(chaud)* cioccolata calda f 51

chopes boccali mpl 149

chose cosa f **quelque chose** qualcosa

choses intéressantes à voir punti principali d'interesse mpl 97

chou cavolo m 47

cigares sigari mpl 151

cigarettes sigarette fpl 151

cime cima f 107

cimetière cimitero m 99

cinéma cinema m 96, 110

cinq cinque 15, 216

cinquante cinquanta 217

cinquième quinto 217

cintres grucce per abiti fpl 27

cirage lucido m per scarpe

circulation circolazione f; traffico m 15

ciseaux paio di forbici mpl 149

citron limone m 38

classe classe f; **première ~** di prima classe 68; **~ économique** classe turistica 68; **~ affaires** business class 68

clair chiaro 14, 134, 144

clé chiave f 27, 28

clé de contact chiave f dell'accensione 90

climatisation climatizzazione f 22, 25; aria condizionata f 86

clubs *(de golf)* mazze fpl 115

clignotant indicatore f di posizione 82, 90

code codice m

code *(téléphone)* prefisso m 127

codes *(voiture)* anabbaglianti mpl 86

cœur cuore m 166

coffre baule m 90

coffre-fort cassa forte f 27

coiffeur(euse) parrucchiere(-a) m/f 131, 148

coin: au coin all'angolo m 95

contacter: je peux vous contacter posso contattarla? 28

contenir contenere 154

continuer à continuare a; **continuez** continui 19

contraceptif antifecondativo m

contre contro

contrôle des passeports controllo passaporti m 66

contrôler: pourriez-vous le contrôler? può farlo controllare? 25

contusion contusione f

convenir à convenire

copie copia f

corde corda f

cordonnerie calzoleria f

corps corpo m

correct corretto

correspondance coincidenza f 76

costume (complet) completo m 145

côte *(corps)* costola f 166

côte *(mer)* costa f

côté: à côté de vicino a 95

coton cotone m 146

coton hydrophile cotone idrofilo m 142

cou collo m 166

couche *(pour bébé)* pannolino m 143

couches pannolini mpl 113

couchette cuccetta f 77

couleur colore m 134

couleur *(pellicule)* a colori 152

couloir corridoio m 74

coup d'œil: je jette juste un ~ do solo un'occhiata

coup de soleil colpo di sole 164

coup de cheveux taglio m di capelli

coup et brushing taglio m e asciugatura f 148

coupure taglio m 141

coupure de courant interruzione f della corrente

cour de récréation parco giochi m 113

courant d'air corrente f d'aria

couronne *(dentaire)* corona f 168

courrier posta f 27, 153

courrier en recommandé posta f raccomandata

courroie de ventilateur cinghia f del ventilatore 91

cours de langue corso m di lingua

course gara f

courses: faire des courses fare acquisti 124

court corto 147, 148

cousin(e) cugino

couteau coltello m 39, 149

coûter costare 84

couverts coperti mpl 29; posate fpl 149

couverture coperta f 27

couvre-chaîne paracatena m 82

crampes crampi mpl 164

crèche asilo m infantile

crédit credito m

crème à raser crema f per barba

crème antiseptique pomata antisettica f 142; **~ solaire** crema abbronzante f 143

crevaison un pneumatico forato m 88

crevé bucato 83

crise cardiaque infarto m 164

cristal cristallo m 150

croire credere

croisière crociera f

croix croce f

cuillère cucchiaio m 39; ~ **à café** cucchiaino m

cuillerées à café cucchiaini mpl 140

cuir cuoio m 146

cuisine cucina f 29, 119

cuisiner (faire la cuisine) cucinare

cuisinier(ère) cuoco(-a) m/f

cuisinière stufa f 28

cuisse coscia f 166

cuite cotta 41

cuivre rame m 150

culte servicio m 105

cure-pipe puliscipipa m

cyclisme ciclismo m 114

D d'accord d'accordo 10; **je suis ~** sono d'accordo

dangereux pericoloso

dans in; ~ **20 minutes** in venti minuti 12; ~ **... jours** fra ... giorni 89; ~ **... minutes** in...minuti 13

danse danza f 111; ~ **contemporaine** danza contemporanea f 111

danser danzare 111; **aller ~** andare a ballare 124

date de naissance data di nacita 23

de 9 h à 18 h dalle nove alle diciotto 13

de/de la/de l'/des del, della, dei, degli, delle

débutant principiante m 117

décalage horaire: je souffre du ~ soffro del cambiamento di fuso orario

décembre dicembre 218

déchiré strappato 165

décision decisione f 24, 135

déclaration de douane il modulo per la dogana m 154

déclarer dichiarare 67

décliner declinare 125

décoller *(avion)* decollare 68

dedans dentro 37

défaut: il y a un ~ questo è difettoso

dégoûtant disgustoso 14

degrés *(temperature)* gradi mpl

déjeuner (le) pranzo m 13, 34, 124

délicieux delizioso 14

deltaplane fare il deltapiano

demain domani 13, 84, 89, 122, 218

demande d'indemnité d'assurance richiesta f di rimborso assicurazione

démarrer *(voiture)* partire 88; **ne démarre pas** non parte 88

démarreur motorino m d'avviamento 91

demi heure mezz'ora f 217, 221; ~ **kilo** mezzo chilo m 159; ~ **-douzaine** mezza dozzina f 159; ~ **-pension** mezza pensione f 24

demie mezzo 217

démodé antiquato 14

dent dente m 168

dentelle pizzo m 146

dentier dentiera f 168

dentifrice dentifricio m 143

dentiste dentista m 131, 163, 168

dépanneuse carro attrezzi m 88

départ partenza f 32, 69, 76

dépenser spendere

dépliant prospetto m

déposer scendere 83

déranger: ça vous dérange si ...? le dispiace se ...? 77, 126; **ne pas ~** non disturbare

dernier ultimo 75, 218

derrière dietro 95, 148

dés dadi mpl
désagréable
sgradevole 14
descendre *(du bus/du train)*
scendere 79
dessert dolce m 48
dessus: sur le ~ in cima 148
destination destinazione f
détails dettagli mpl
détaillé dettagliato 32
détergent detersivo m
deux due 15, 216; **~ cents** due cento
217; **~ fois** due volte 76, 217
deuxième secondo 217
devant davanti 148; **~ le café** fuori
del bar 12
devises *(étrangères)* valute f pl 138
devoir dovere 18; **je dois** devo
de ... h à ... h dalle ... alle ... 221
diabète diabete m
diabétique diabetico m 164
diamant diamante m 150
diarrhée diarrea f 142, 164
dictionnaire dizionario m 151
diesel diesel m
difficile difficile 14, 106
dimanche domenica 218
dîner cena f 34, 124
dire dire 11; **comment dites-vous?**
come se dice ...?
direct diretto(-a) 75
directeur *(société)* direttore m , *(film)*
regista
direction: en direction de... in
dirizione di ... f 95; **verso...** 12
disloqué dislocato 165
disparaître: mon enfant a disparu.
il mio bambino è scomparso 161
disponibilité disponibilità f 108
disque disco m 156

distributeur distributore m 91;
~ automatique de billets cassa
automatica f 139
divorcé divorziato 120
dix dieci 216
dix-huit diciotto 216
dix-neuf diciannove 216
dix-sept diciasette 216
docteur medico m 92
doctoresse dottoressa f 163
doigt dito m 166
dois: combien je vous dois? quanto
le devo?
donner à dare a 18
dormir dormire 167
dos dorso m; schiena f 166
douane dogana f 67, 156
doublé *(film)*
doppiato 110
douche doccia f 21, 26
douleurs abdominales dolori
addominali mpl 167
douzaine dozzina f 217
douze dodici 216
draps lenzuoli mpl 28; biancheria f
da letto 29
droguerie drogheria f 130
droite, à a destra f 12, 76, 95
du matin della matina f
du, de l', de la
di / del / dei / della / delle
dur duro 31, 41
durite tubo m del radiatore 91
duvet piumone m
dynamo dinamo f 82

E **e-mail** posta elettronica f 154
eau acqua f; **~ de Javel**
candeggina f 149; **~ distillée** acqua
f distillata; **~ minérale** acqua

minerale f 51; **~ potable** acqua potabile f 30

échanger cambiare 137

écharpe sciarpa f 145

échecs scacchi 121

échelle scala f

écrire scrivere 11

édulcorant zucchero m dietetico 38

également ugualmente 17

église chiesa f 96, 99, 105

égouts fognatura f

élevé alto 122

émail smalto m 150

embarquement imbarco m 70; salire a bordo 77

embouteillage imbottigliamento; ingorgo m

embrasser baciare; **je peux t'embrasser?** posso baciarti? 126

embrayage frizione f 91; leva f della frizione 82

emmener portare 84

emplacement posizione f 95

emplacement *(camping)* posto m

emprunter: est-ce que je peux emprunter votre …? posso prendere a prestito vostro …?

encaisser incassare 138

enceinte (de … mois) incinta (di … mesi) 164

enchanté piacere 118

encore ancora 41; **pas ~** non ancora 13

enfants bambini mpl 22, 74, 81, 113, 164

enfin! finalmente! 19

enflure gonfiore m 141

enjoliveur coppa m 90

ennuyer: nous nous ennuyons ci stiamo annoiando 123

ennuyeux noioso 101

enregistrer registrare 69

enregistrement accettazione f 69

ensemble: nous vivons ensemble viviamo insieme 120

ensuite poi 13

entendre sentire

entier *(sans croquer)* intero 140

entraînement allenamento m 115

entrée ammissione f 100; ingresso m 132

enveloppes buste fpl 151

environ circa 15

envoyer spedire 154

épais spesso

épaule spalla f 166

épicerie negozio di alimentari m 130

épilation à la cire ceretta f 148

épileptique epilettico m 164

épingles à linge mollette per biancheria fpl; **~ de sûreté** spille fpl di sicurezza

éponge spugna f

époustouflant senzasionale 101

épuisé esausto 106

épuisé *(article/modèle)* esaurito 135

équipement attrezzatura f 22, 30

équipes squadre fpl 114

éraflure escoriazione f 141

erreur errore m 41

éruption cutanée eruzione della pelle f 141

escalier roulant scala mobile f 132

escaliers scale fpl 132

essayer *(vêtement)* provare 147

essence benzina f 87; **~ sans plomb** benzina verde

espérer esperare; **j'espère que…** espero che … 19

feux *(rouges)* semaforo m 95

feux *(véhicule)* luci f 93

feux *(vélo/moto)* fanalini mpl 83

feux de recul luci fpl di retromarcia fpl 91

feux rouges *(des freins)* luci fpl dei freni 90

février febbraio 218

fiancé(e) fidanzato(-a) m/f

fiche modulo m 23, 139

fièvre febbre f 164

fil dentaire filo m per denti

fille bambina f 156; figlia f 120, 163; ragazza f 120

film film m 108

film étirable pellicola trasparente f 149

fils figlio m 120, 163

filtre filtro m 152

filtre à air filtro m dell'aria 91; **~ à huile** filtro m dell'olio 91

finir finire 108

flash (électronique) flash (elettronico) m 152

fleur fiore m 106

fleuriste fioraio m 130

fleuve fiume m 107

foie fegato m 166

fois: une fois una volta 217

foncé scuro 134, 144

fontaine fontana f 99

football calcio m 114

forêt foresta f 107

forfait *(ski)* tessera f 117

forme forma f 134

formidable benissimo 19

formulaire modulo m 162

fort forte

foulard foulard m 145

foulé slogato 165

four forno m; **~ à micro-ondes** forno a microonde m 158

fourchette forchetta f 39, 149

frais fresco 41

français francese 11, 224

France Francia f 119

francs franchi; **~ français** franchi francesi mpl 138

frein à main freno m a mano 91

freins freni mpl 83

frère fratello m 120

frit fritto

frites patatine fritte fpl 38; patate fritte fpl 160

froid freddo 14, 14, 122

fromage formaggio m 48, 160

fruits frutta f 48

fruits de mer frutti di mare mpl 45

fuire perdere

fuire: le robinet fuit il rubinetto perde 25

fumer: je fume fumo 126

furoncle foruncolo m 141

fusibles fusibili mpl 28, 91

 galerie portabagagli m esterno

galerie de peinture galleria d'arte f 99

gant guanto m

gant de toilette guanto m di spugna/da bagno

garage garage m 26

garage *(atelier de réparations)* autorimessa f 88

garantie ganranzia f 135

garçon bambino m 156; ragazzo

garde-boue parafango m 82

horaires *(des trains)* orario ferroviario m 75
horrible orribile 122
hors-d'œuvre antipasti mpl 43
hot dog cane caldo m 110
hôtel albergo m 12, 20, 21, 123
huile olio m
huit otto 216
humide umido
humidité umidità f,
hypermarché ipermercato m
hypermétrope presbite 167

I ici qui 12
identité: carte d'identité documento d'identità m 139
il y a ... c'è ...; ci sono; **il y a 10 minutes** dieci minuti fa 13
illégal: est-ce illégal? è illegale?
immatriculation: numéro d'immatriculation numero di targa 93
imperméable impermeabile m 145
impoli maleducato(-a)
incroyable incredibile 19
indigestion indigestione f
indiquer indicare 18
inégal *(terrain)* in dislivello 31
infection vaginale infezione m vaginale 167
inférieure inferiore 74
infirmière infermiere m
infraction au code de la route infrazione f stradale
ingénierie ingegneria f 121
innocent innocente
inscrire, s' inscriversi 117
insecte insetto m 25
insister: j'insiste insisto
insomnia insonnia f

instant: un instant, s.v.p. un momento, per piacere 128
instructions istruzioni fpl 135
insuline insulina f
intéressant interessante 101
intérieur: à l'intérieur dentro 12
internet internet m 154
interprète interprete m 93, 162
interrupteur interruttore m
intersection intersezione f
intestins viscere m
invitations inviti fpl 124
iode iodio m
Italie Italia f 119; **en Italie** in Italia 12
italien italiano 35, 126

J jamais non mai 13
jambe gamba f 166
jante cerchione m 82, 90
janvier gennaio 218
jardin giardino m; **~ botanique** giardino botanico m 99; **~ d'enfants** club per bambini m 113
jauge d'huile indicatore m del livello dell'olio 91; **~ de carburant** indicatore m della benzina 90
jaune giallo 144
jet lave-glace lavacristalli mpl 90
jetski moto acquatica f 116
jeu gioco m 156; **~ d'échecs** scacchi mpl 156; **~ video** videogioco m
jeudi giovedì 218
joli(e) grazioso
jouer giocare; **je joue** gioco 121
jouets giocattoli mpl 156
jour giorno m 23, 97, 115
journaliste giornalista f/m
journaux giornali mpl 151

A-Z

journée giornata f 122
jours, en ... entro ... giorni 13
Joyeux Noël! Buon Natale! 219
juif *(adj)* ebreo
juillet luglio 218
juin giugno 218
jumelles binocolo m
jupe gonna f 145
jus de fruit succo di frutta m 43, 51
jusqu'à fino alle 221
juste giusto 14

 kilo chilo m 159
kilométrage chilometraggio m 86
klaxon claxon m 82

L **là-bas** là 12; laggiù 76
lac lago m 107
lacets lacci mpl delle scarpe
laid brutto 14, 101
laine lana f 146
lait latte m 43, 51, 160
lames de rasoir lamette da barba fpl 143
lampe lampada f 29
lampe de poche lampada tascabile f
langue lingua f 166
laque lacca f 143
large largo 14
lavabo lavabo m 25
laverie, service de servizio di lavanderia f 22
lavette strofinaccio per i piatti m 149
laxatif lassativo m
leçon lezione f

lecteur de CD lettore m per compact
léger leggero 14, 134
légumes legumi mpl 38
lent lento 14
lentement lentamente 11, 17, 94
lentille de contact lenti a contatto fpl 167
lequel/laquelle? quale? 16
lessive detersivo per lavatrice m 149
leur/leurs loro 16
lever de rideau di supporto 111
levier de changement de vitesse *(moto)* leva f de cambio 82
levier de vitesse *(voiture)* leva f del cambio 91
lèvre labbro m 166
librairie libreria f 130; **~-papeterie** cartolibreria f
libre libero 12, 14, 17, 21, 84, 124
lieu luogo m 23; **au lieu de** invece di
ligne *(métro)* linea f 80
lin lino m 146
lingettes salviette per neonati fpl 143
liqueur liquore m
liquide vaisselle detersivo per i piatti m 149
liquide: en liquide in contanti 136
lire leggere 121
lit letto m 22; **~ de camp** lettino da campeggio m 31
litoral litorale m
litre litro m 87, 159
lits jumeaux due letti mpl 21
livrer consegnare
livres libri mpl 151
location de voiture autonoleggio m 86, 70
logement affitto m 28

loger: où logez-vous? dove alloggia? 123

loin lontano 95, 130; **~ de moi** lontano da me 12; **c'est~?** è lontano? 95

long lungo 147

longueur lunghezza f

lotion après-rasage lozione dopobarba f 143; **~ après-soleil** lozione doposole f 143

louer noleggiare 83, 86, 115, 115, 117

lourd pesante 14, 134

lui suo 16

lumière luce f 25

lundi lunedì 218

lune de miel: nous sommes en lune de miel siamo in luna di miele

lunettes occhiali mpl 167; **~ de natation** occhialini mpl per nuoto; **~ de soleil** occhiali da sole fpl 145

Luxembourg Lussemburgo m 119

M **machine à laver** lavatrice f 29

mâchoire mascella f 166

magasin negozio m 130; **~ d'alimentation** negozio di alimentazione m 159; **~ d'artisanat** negozio m di artigianato

magazine rivista f 151

magnétoscope video registratore m

mai maggio 218

maillet maglio m 31

maillot de bain costume da bagno m 145

main mano m 166

maintenant ora; adesso 13; subito 84

maison casa f

maître d'hôtel capocameriere m 41; **~-nageur** bagnino m 116

mal: ça fait mal mi fa male; **j'ai mal** ho dolori 167; **j'ai mal ici…** ho male qui … 164; **pas mal** non male 19; **où avez-vous mal?** dove le fa male? 165

mal au dos male alla schiena 164; **~ de dents** mal di denti m 168; **~ de mer: j'ai le mal de mer** ho il mal di mare; **~ de ventre** mal di stomaco m 142

malade male 164, 224; **je suis ~** sono ammalato

malentendu: il y a eu un ~ c'è stato un malinteso m

malheureusement sfortunatamente 19

manche manica f 165

manches maniche fpl

mandat vaglia f postale

manger mangiare 167

manteau cappotto m 145

manucure manicure f 148

maquillage trucco m

marchand de journaux giornalaio m 151; **~ de légumes** fruttiven-dolo m 131

marché mercato m 99, 131

marche: équipement pour la marche equipaggiamento per la marcia

marcher *(fonctionner)* funzionare 25

mardi martedì 218

mari marito m 163

mariage matrimonio m

marié sposato 120

marron marrone 144

mars marzo m 13, 218

marteau martello m 31

mascara cosmetico m per ciglia

masque de plongée maschera f da subacqueo

mat (*photos*) smorzato m

matelas materasso m; **~ pneumatique** materasso di gomma m 31

matériel attrezzatura f 115

matin mattina f 140; **le ~** di mattina 220

matinée (*représentation*) pomeriggio m 109

mauvais cattivo 14; male 126

mécanicien meccanico m 88

médecin medico m 131; dottore m 163

médicaments medicine fpl 165

meilleur migliore

membre (*d'un club etc.*) socio m 88, 112

mener: où mène cette route? dove porta questa strada? 94

menu menù m 37

mer mare m 107

merci grazie 10, 94, 224; **~ beaucoup** grazie mille 10

mercredi mercoledì m 218

mère madre f 120

mes mie

messages messaggi mpl 27, 154

messe messa f 105

mesures misure fpl

métal metallo m

métro metropolitana f 80

mettre son clignotant indicare

mettre: ou puis-je mettre …? dove posso mettere …?

meubles mobili mpl

midi mezzogiorno m 220

miel miele m 43

mieux migliore 14

migraine emicrania f

mille mille 217

million milione f 217

mince sottile

minuit mezzanotte f 13, 220

minute minuto m 221

miroir specchio m

mobylette motorino m 83

moderne moderno 14

moi: c'est à moi è il mio turno 133

moins meno; **~ cher** meno caro 109; **~ que (ça)** meno di quello 15

mois mese m 218

mois mesi mpl 218

mon/ma/mes mio/mia/miei/mie 16

monastère monastero m 99

moniteur istruttore m

monnaie moneta f 87; valuta f 67; **petite ~** spiccioli mpl 138

montagne montagna f 107

montant cifra f 42

montre orologio m da polso 150, 162

montrer indicare 94, 99

monture cornice f per occhiali

moquette mochetta f

morceau pezzo m 40, 159

mordu: un chien m'a mordu un cane m mi ha morso

mosquée moschea f 105

motel motel m 20

moteur motore m 91

moto motocicletta f 83

mots parole 19

mouche mosca f

mouchoir fazzoletto m; **~ en papier** fazzoletto di carta mpl 143

mousse pour cheveux schiuma volumizzante f 143

moustache baffo m

moutarde senape f 38

moyen medio 122

moyen (*niveau*) media 106

moyen *(portion)* regolare 40
muscle muscolo m 166
musée museo m 12, 99
musicien(ne) musicista f/m
musique musica f 111
musulman mussulmano
myope miope 167

N **natation** nuoto m 114
nationale nazionale
nationalité nazionalità f
nausée nausea f
né nato(-a) 119; **je suis né à/en**
sono nato a/in
neige neve f 117
neigera nevicherà 122
nettoyage pulitura f 137
nettoyer pulire 137; **~ à sec** lavare
a secco
neuf *(chiffre)* nove 216
neuf nuovo 14
neveu nipote m
nez naso m 166
nièce nipota f
noir nero 144
noir et blanc *(pellicule)* in bianco e
nero 152
nom cognome m 23, 93; **le nom est
…** il nome m è … 22
non no 10; **~ alcoolisé** analcolico; **~-
fumeur** *(zone)* non fumatori 36
nord: au nord al nord 95
note *(facture)* conto m 32, 42;
~ détaillée conto dettagliato m 32
notre/nos nostro/nostri/nostra/
nostre 16
novembre novembre 218
noyer: quelqu'un se noie qualcuno
se annega
nuageux nuvoloso 122

nuit notte f 23, 24
numéro numero;
~ d'immatriculation
numero di targa 23; **~ de
téléphone** numero di telefono m
127; **vous avez fait un faux numéro**
ha sbagliato numero

O **objectif** obiettivo m 152
objets trouvés: bureau des ~
ufficio oggetti smarriti m 73
occasion occasione f; **d'occasion** di
seconda mano
occupé occupato 14
octobre ottobre m 218
œil occhio m 166
œufs uova mpl 43, 160; **~ au plat**
uova fritte 43; **~ brouillés** uova
strapazzate 43
œufs *(station de ski)* funivia f 117
office du tourisme ufficio
turistico m 97
office religieux servizio m 105
offre spéciale offerta straordinaria f
oiseau uccello m 106
ombragé ombreggiato 31
oncle zio m 120
onde onda f
onze undici 216
opéra opera m 99, 108, 111
opération operazione f
opticien ottico m 131, 167
or oro m 150
orageux temporalesco 122
orange *(fruit)* arancia f
orange *(couleur)* arancione 144
orchestre orchestra m 111
ordinaire *(essence)* normale 87
ordinateur computer m;
ordinatore m

oreille orecchio m 166
oreiller cuscino m 27
oreillons orecchioni mpl
original genuino 134
orteil dito del piede m 166
os osso m 166
où dove 12, 26; **~ est …?** dov'è …?
94, 99; **~ sommes-nous?** dove
siamo? 80; **~ sont …?** dove sono
…? **d'où** da dove 119
ou o
ouest: à l'ouest all'ovest 95
oui sì 10
ours *(en peluche)* orsacchiotto m 156
ouvert aperto 14, 129, 132, 100
ouverture: heures d'ouverture orario
di apertura m 132
ouvre apre 140; **~-boîtes** apriscatole
m 149; **~-bouteilles** apribottiglie
m 149
ouvrez apra 165
ouvrir aprire 132, 140, 165
ovale ovale 134

P P.C.V. a carico del
destinatario m 127
paiement pagare 100
paille *(pour boire)* cannuccia f
pain pane 38, 43, 160; **~ grillé**
pane tostato m 43
paire paio m 146, 217
palais palazzo m 99
palpitations palpitazioni fpl
panier cesto m; cestello m
paniers *(supermarché)* cestelli
mpl 157
panne: je suis en panne d'essence
ho finito la benzina 88; **ma voiture
est tombée en panne** ho un
guasto all'automobile 88
panneau segnale m 93

panneau indicateur indicatore m
stradale
panneaux indicazioni fpl 95;
~ indicateurs segnalitica f 96
pannes guasti mpl 88
panorama panorama m
pantalon pantaloni mpl 145
pantoufles pantofole f pl 146
papier aluminium carta stagnola
f 149
papier-toilette carta igienica
f 25, 29, 143
par jour al giorno 30, 83; **~ nuit** per
notte f 21; **~ semaine** alla
settimana 30, 83
paraffine paraffina f 31
paralysie paralisi f
parasol ombrellone m 116
parc parco m 96, 99; **~ d'attraction**
parco di attrazione (Luna-Park)
parce que perchè 15
parcomètre parchimetro m 87
pardon *(excusez-moi)* scusi! (sono
spiacente) 10, 224
pardon? prego? 11, 224
pare-brise parabrezza f 90
pare-choc paraurti m 90
parents genitori mpl 120
parier scommettere 114
parking parcheggio m 26, 87, 96
parlement parlamento m 99
parler parlare 11; **~ à** parlare a 18
parlez parla 224
partager dividere
partie partita f 115
partir partire; **je pars** parto 32
passage piéton attraversamento
pedonale m; **~ souterrain**
sottopassaggio m 96
passe-bus corse multiple fpl 79
passeport passaporto m 23, 139, 162

portefeuille portafoglio m 42
porteur facchino m 71
portion porzione f 40; **~ enfant** porzioni per bambini mpl 39
posologie dosi f 140
possible possibile; **le plus tôt ~** appena possibile
poste posta f; **~ restante** fermo postale m 153
pot vasetto m 159
pot d'échappement tubo m di scappamento 90; marmitta f 82
potages minestre fpl 44
poterie ceramica f
poubelles cassettoni per i rifiuti 30
pouce pollice m 166
poumon polmone m
poupée bambola f 156
pour per
pour demain entro domani 13
pourboire mancia f
pourquoi? perché? 15; **~ pas?** perché no? 15
poussette passeggino m
pouvez-vous …? può …? 18; **~-vous me recommander** può consigliarmi 37; **~-vous nous suggérer** può suggerire 123
pouvoir potere 18
présenter: vous présenter presentarle 118
préféré(e) favorito
premier primo 75, 119, 217; **~ classe** prima classe f 74
prendre prendere 140; **je le prends** lo prendo 135; **prenez** prende 125; **j'ai pris …** ho preso …
prénom nome m 23
près vicino 95
près de vicino a 12, 36, 92
présentations presentazioni mpl 118

préservatif preservativo m; profilattici mpl 142
presque quasi
pressé: je suis pressé ho fretta 15
pressing tintoria f 131
prêt pronto 17, 89
prêter: pourriez-vous me prêter …? mi può prestare …?
prêtre prete m
prévenir: prevenez informi 167
prévisions previsioni fpl 122
prie: je vous en prie! prego! 10
printemps primavera f 219
priorité precedenza f 93
prise *(électrique)* spina m elettrica 149
prise électrique presa di corrente f
prison carcere m
prix prezzo m 24; tariffe mpl 74
problèmes problemi mpl 28
prochain prossimo 75, 218
proche vicino(-a) 92
produits de beauté cosmeticci mpl; **~ de nettoyage** articoli mpl di pulizia 149; **~ de toilette** prodotti mpl di toletta 157; **~ surgelés** prodotti mpl surgelati 158
professeur professore(-a) m / f
profession professione f 23; **quelle est votre profession?** che lavoro fa?
profond profondo(-a)
programme des spectacles programma delle manifestazioni 108
promenade passeggiata f 106; **~ en bateau** gita in barca f 97; **faire une ~** fare una passeggiata 124
prononcer pronunciare 11
propre pulito 14, 41
propriétaire proprietario m

rendez-vous appuntamento m 148, 163; **prendre ~ pour ...** vorrei fissare un appuntamento per ... 163

rendez-vous *(point de)* al punto d'incontro m 12

renseignements Informazione Elenco Abbonati 127

renseignements informazioni fpl 70, 97

rentrer à pied rientrare a piedi 65

réparations riparazioni f pl 89, 137

réparer riparare 89; **pouvez-vous le ~?** può ripararlo? 137

repas pasti mpl 24; **repas** pasto m 125

repas pour diabétique piatti mpl per diabetici 39; **~ pour végétariens** piatti mpl vegitariani 39

repasser stirare 137, 146

réparation riparazione f 89

répéter ripetere 11, 94, 128; **vous pouvez ~?** può ripetere? 94

représentant de vente agente m di vendita

réservations prenotazioni f 21

réservé riservato; prenotato 28

réserver prenotare 81, 36, 109

réservoir serbatoio m 82

respirer respirare 165

respirez respiri 165

ressemelage risolatura f

restaurant ristorante m 23

restaurant-grill ristorante specializzato in bistecche 35

rester fermare 23

retard ritardo m 70; **en retard** di ritardo 221

retirer *(de l'argent)* fare un prelievo 139

retourner ritornare 95

retraité in pensione 121

retraités *(personnes)* anziani mpl 100

retrouver, se incontrarci 125; **je vous retrouve** la incontro

rétroviseur extérieur specchietto m retrovisore esterno 90

rétroviseur specchietto m 82

réveil *(pendulette)* orologio m 150

réveil sveglia f 150

réveille-matin risveglio m sveglia f

réveiller svegliare 27

revenir ritornare 98

revoir: je peux vous revoir? posso rivederla? 126

rez-de-chaussée pianterreno m 132

rhumatisme reumatismo m

rhume raffreddore m 142, 164; **~ des foins** febbre f del fieno 142

rideaux tende fpl

rien niente 16; **~ d'autre** nient' altro 15

rire: vous riez ride 126

rivage riva f; litorale m

rivière fiume m 107

rixe rissa f

robe vestito m 145

robinet rubinetto m 25, 28

romantique romantico 101

rond rotondo 134

rose rosa 144

rôti arrosto m

roue arrière ruota f posteriore 82; **~ avant** ruota f anteriore 82; **~ de secours** pneumatico m ; gomma f di ricambio 91

rouge rosso 144

rouge à lèvres rossetto m

rue via f; **~ principale** via principale f 96

rues commerçantes zona f dei negozi 99
ruisseau ruscello m 107

S s'il vous plaît per favore 10, 224; per piacere

sable sabbia f

sabot de Denver ceppo m bloccaruote 86

sac borsa f 67, 157; ~ à dos zaino m 31, 146; ~ à main borsetta f 145, 162 ~ de couchage sacco m a pelo 31; ~ photo custodia f per macchina fotografica f 152; ~ plastic sacco m di plastica; sacchetto m di plastica; ~ poubelle sacco m di plastica per bidoni di spazzatura; ~ vomitoire sacchetto m di carta 70

sacoche de bicyclette borsello m 82

sacs poubelles sacchetti mpl per i rifiuti 149

saigner perdere sangue 163

salade insalata f 38

salé salato

sale sporco 14

salle à manger (au restaurant) sala da pranzo f 29; ~ d'attente sala d'aspetto f 73; ~ de bains bagno m 21, 29; ~ de départ sala f partenze; ~ de jeux sala f da giochi 113; ~ de séjour soggiorno m 29

salon soggiorno m 29

salut! ciao!; arriverderci! 224

salutations saluti mpl

salut! salve!; ciao! 10

samedi sabato m 218

sandales sandali f pl 146

sandwich panino m 40

sandwicherie paninoteca f 33

sang: prise de sang campione m di sangue 165

sans senza; ~ plomb (essence) verde 87

santé! salute!

satisfait: je ne suis pas satisfait du service non sono soddisfatto del servizio

sauce salsa f 38

saucisses salciccie fpl 160

sauf eccetto

savon sapone m 27, 143

savoir: je sais so 15

seau secchiello m 156

securité: je ne me sens pas en securité non mi sento sicuro 65

secours: au secours! aiuto! 224; sortie de ~ uscita d'emergenza f 132

secrétaire segretario(-a) m/f

sécurité sicurezza f 65, 139

sédatif sedativo m

sein seno m; petto m 166

seize sedici 216

séjour soggiorno m 32

sel sale m 38, 39

selle sellino m 82

self-service automatico m 87

selles: examen des selles campione m di feci 165

semaine settimana f 13, 24, 97, 218

semelle suola f

sentier camino m 107; sentiero m 107

sentiers de randonnée percorsi a piedi mpl 106

sentir, se si sente 165

séparé separato 120

séparément separamente 42

sept sette 13, 216

septembre settembre m 218

séropositif sieropositivo

serrure serratura f 25; 90

service servizio m 42; ~ **de chambres** *(hôtel)* servizio m camera 26; ~ **de nettoyage complet** servizio m di pulizia completo

services servizi mpl 133

serviette tovagliolo m 39; ~ **de bain** asciugamano m 27; ~ **en papier** tovagliolo m di carta 149; ~ **hygiénique** assorbento m 143

servir: je peux me servir … posso usare … 127

seul solo 120

shampooing shampoo m 143; ~ **et mise en plis** shampoo e messa in piega 148

Sicile Sicilia f 119

siège posto m 74

signaler denunciare 161

signature firma f 23

signer firmare 23, 139

silencieux silenziatore m 91

skis nautiques sci mpl d'acqua 116

slip mutande fpl 145; ~ **de bain** calzoncini mpl da bagno 145

smoking smoking m

snack bar bar m 73

sœur sorella f 120

soie seta f

soif: j'ai soif ho sete

soins du visage trattamento m per il viso 148

soir sera f 140; **le ~** di sera 220; **ce ~** questa sera 124

soirée festa f 124, 126

soixante sessanta 217

soixante-dix settanta 217

sol *(terrain)* terreno m 31

solarium solarium m 22

soleil sole m 31; **coup de ~** scottatura solare f 142

soliste solista m/f 111

sombre scuro 14; buia 24

somnifère sonnifero m in pillola

son/sa/ses suo/suoi/sua/sue 16

sonnette campanello m 82

sorte: quelle sorte de … che tipo di …

sortie uscita f 83, 132; ~ **de secours** uscita f d'emergenza 26

sortir uscire

soupe zuppe fpl 44

sourd sordo 164

sous sotto

sous-sol sottosuolo m

sous-titrage sottotitoli mpl 110

soutien-gorge reggiseno mpl 145

souvenir, se: je ne me souviens pas non mi ricordo

souvenirs ricordi mpl 98

souvent sovente; spesso 13

spécialiste *(médecin)* specialista m 165

spécialités régionales piatti tipici della regione 37

spectacle spettacolo m 112

sport sport m 114

stade stadio m 96

starter starter m 91

station de métro *(lieu d'arrêt)* fermata f della metropolitana f 80

station de métro stazione f metropolitana 96; ~ **de taxi** posteggio m tassì 96

station de vacances posto m di villeggiatura

station-service stazione f di servizio 87

stationnement parcheggio m 87

statue statua f 99

store tapparella f 25

stupéfiant stupefacente 101

stylo penna f 151

sucette succhiotto m; lecca-lecca m

sucré dolce

sucre zucchero m 38, 39

sucreries dolci mpl 151

sud: au sud al sud 95

suffit: ça suffit! basta! 19

suggérer suggerire 97, 108, 112

suis: je suis io sono

Suisse Svizzera f 119

suisse svizzero

super magnificamente 19

superbe stupendo 101

supérieur superiore 74

supermarché supermercato m 131, 157

supplémentaire supplementare 22

suppositoires supposte fpl 166

sur le/la sulla, sul, sulle

sûr: êtes-vous sûr? siete certo?

surchauffer surriscaldare

surveillance sorveglianza f 113

symptômes sintomi mpl 164

synagogue sinagoga f 105

synthétique sintetica 146

système nerveux systema m nervoso

T **tabac** tabacco m 151

tabac à pipe tabacco m da pipa; **bureau de ~** tabaccheria f 130

table tavolo m 112

table pliante tavola f pieghevole

tableau quadro m

taie d'oreiller federa f per cuscino

taille misura f 147

talc talco m

tampons tamponi mpl 143

tante zia f 120

tapis de sol telo m per il terreno 31

tard tardi; **plus tard** più tardi 125

tarif: quel est le tarif? quanto costa? 30

tasse tazza f 39, 149

taux de change cambio m 138; **~ de pollen** conteggio m del polline 122

taxi tassì m 32, 84

teinte tonalità f 144

télécarte carta f telefonica 154

téléphérique funivia f 117

téléphone telefono mt 22, 27, 92; **~ à jeton** telefono m a gettone

téléphoner telefonare 127

téléphonez à chiami ... 92

télésiège seggiovia f 117

télévision televisione f 22, 25; **~ par câble** televisione f via cavo; **~ par satellite** televisione f via satellite 22

témoin testimoni mpl 93

température temperatura f 165

temporaire provvisorio 89

temps tempo m 122; **de temps en temps** occasionalmente

temps libre tempo f libero 98

tension pressione f 165

tente tenda f 30, 31

tenue de soirée abiti mpl da sera111; **~ de ville** abbigliamento m casuale

terrain de golf campo m di golf 115; **~ de sports** campo m sportivo 96

terrible terribile 101

tête testa f 166

tétine tettina; tettarella f

thé tè m 40, 157

théâtre teatro m 99, 110

thermomètre termometro m

ticket de caisse ricevuta f 136

tiers terzo m 217

timbres francobolli mpl 151, 153

tire-bouchon cavatappi m 149

tire-fesses sciovia f 117

tissus stoffe fpl 146

toilettes gabinetti mpl 25, 98, 224; tolette fpl 29, 39, 98

toit tetto m

toit ouvrant tetto m apribile 90

tomate pomodoro m 51

tomber en panne avere un guasto 88

ton/ta/tes tuo/tua/tuoi/tue 16

torche torcia f 31

torrent torrente m 107

torticolis torticollo m

tôt: plus tôt più presto 125

totalement totalmente 17

toujours sempre 13

touriste turista m/f

tourner girare 95

tournevis cacciavite m 149

tournez giri 95

tous tutti; ~ les jours giornalmente; ogni giorno

tousser tossicare 165

toussez tossica 165

tout de suite immediatamente 13

tout droit sempre diritto 95

toutes tutte; ~ les heures ogni ora 76

toux tosse f 142

toxique velenoso

traducteur(euse) traduttore m; traduttrice f

traduction traduzione f

traduire tradurre 11

train treno m 13, 72, 123

traiteur salumeria f 130

tram tram m

tramway tram m 79

tranche fetta f 40, 159

transit: en transit in transito m 66

traumatism crânien: il a un ~ ha un traumatismo cranico

travailler: je travaille à mon compte lavoro in proprio 121

travers, à attraverso

treize tredici 216

trente trenta 217

très molto 17, 100; ~ bien molto bene 19

trois tre 15, 216

troisième terzo 217

trop troppo 15, 41, 117; ~ vite troppo veloce 17

trottoir marciapiede m

trou buco m

trouver trovare 18

tunnel *(galerie)* tunnel m; galeria f

turc turco 35

TVA IVA (Imposta Valore Aggiunto) 24

U **ulcère** ulcera f

un uno 15, 216

une una; ~ fois una volta 76, 217

uni(e) unito

uniforme uniforme f

unité unità f 154

urgent: c'est urgent è un'emergenza f 127

utile utile 19

V

vacance vacanza f 66, 123
vacciné vaccinato 165
vaisselle stoviglie fpl 29, 149
valeur valore m 154; **de grande ~** di gran valore
valide valido 136
valises valige fpl 69; **faire les ~** fare le valige
vallée valle f 107
valve valvola f 90
végétarien vegetariano 35, 39
veilleuse lume f da notte
veine vena f 166
vélo bicicletta f 162; **~ à 3 vitesses** bici a tre marce f 83
vendeur(euse) venditore; m commesso(-a)m/f
vendredi venerdì m 13, 218
venir venire; **~ chercher** venire a ritirare 109
vent ventoso 122
vente vendite f 121
ventilateur ventaglio m
ventilateur *(voiture)* ventilatore m 91
verglas: il y a du ~ è ghiacciato 122
vérifier: pourrez-vous vérifier ... potete verificare ...
véritable vero 150
verre bicchiere m 37, 39, 167
vers verso 12, 13; circa
version: en version originale in lingua originale f 110
vert verde 144
vertige: j'ai le vertige ho il capogiro
vessie vescica f 166
veste giacca f 145
vestiaire guardaroba f 109
viande carne f 41, 46
vide vuoto 14

vieille ville città storica f 96, 99
vieux vecchio 14
vigne vite f 107
villa villa f 28
ville città f
vin vino m 49
vin blanc vino bianco m 40; **~ rouge** vino rosso m 40
vinaigrette pinzimonio m 38
vingt venti 216
viol stupro m 161
violet viola 144
visa visa
visage faccia f; viso m 166
visière antiabbagliante m 82
visite guidée visita guidata f 100; **~ médicale** visita f medica; **~ touristique** *(de la ville)* giro turistico m 97
visiter visitare; **~ des lieux intéressants** visitare luoghi d'interesse
vite presto 17
vitre lunotto m 90
vitrine vetrina f 150
voici, le/la ... eccolo(-a) 17
voici, les eccoli(-e) 17
voie ferrée ferrovia f
voilà: le/la ~ è là; **les ~** sono là 17
voir vedere 18, 98; **me faire ~** far mi vedere 133
voiture auto f 123
voiture auto m 81, 86; automobile f 12, 85; macchina f 17; **~ de location** auto noleggiata f 162; **~ automatique** con cambio automatico m 86; **en ~** in auto 95
vol *(avion)* volo m 68; **~ charter** volo m charter; **~ de ligne** volo m di linea
volant volante m 90

volé derubato 162

voler: on m'a volé mes bagages il mio bagaglio è stato rubato 71

voleur ladro m

voleur: au voleur! al ladro! 224

vols furti mpl 162

voltage voltaggio m

vomi vomitato

vomir vomire 164; **je suis sur le point de vomir** sono sul punto di vomitare

votre/vos vostro/vostri/vostra/ vostre 16

voudrais (je) vorrei 14, 18, 129. 159

vouloir dire *(signifier)* significare 11

voyage viaggio m 76, 77;
~ **d'affaires** per affari 123;
~ **en bateau** gite in barca fpl 81

vrai: c'est vrai è vero; **ce n'est pas ~** non è vero

vraiment? davvero? 19

VTT MTB f 83

vue: avec vue sur la mer con vista sul mare

 wagon carrozza f 75
wagon-lit vagone letto m 74, 77

wagon-restaurant vagone ristorante m 75, 77

WC bagno m 29

weekend fine settimana f 218

X Y Z **y a-t-il ...?** c'è ...? 17; ci sono ...?

yacht yacht m

yaourt yogurt m 160

zéro zero 216

zone piétonnière zona pedonale f 96

zut! maledizione! 19

Lexique
Italien–Français

Ce lexique italien-français couvre tous les domaines dans lesquels vous pourriez devoir décoder l'italien écrit: hôtels, édifices publics, restaurants, magasins, billetteries et transports. Il vous aidera également à lire les formulaires, plans, étiquettes de produits, signaux routiers et notices d'utilisation (pour téléphones, parcomètres etc.).

Si vous ne rencontrez pas le signe exact, il se peut que vous trouviez des mots clés ou termes énoncés séparément.

A   **a passo d'uomo** très lentement

a proprio rischio aux risques du propriétaire

a scelta au choix…

a stomaco vuoto l'estomac vide

abbazia abbaye

abbigliamento per bambini vêtements pour enfants

abbigliamento per signora vêtements pour dames

abbigliamento per uomo vêtements pour hommes

abbigliamento sportivo vêtements de sport

abiti per uomo vêtements pour hommes

accendere i fari/luci allumez vos phares

accettazione admissions

acciaio acier

accostarsi a sinistra/destra rester à gauche/droite

aceto vinaigre

acqua non potabile eau non potable

acqua potabile eau potable

aereo avion

affittasi camere chambres à louer

affittasi appartamento appartement à louer

agenzia di assicurazioni agence d'assurances

agenzia di viaggi agence de voyages

agenzia immobiliare agence immobilière

aggiornato reporté

agitare prima dell'uso bien secouer avant l'usage

ai binari vers les quais

al coperto couvert, intérieur

albergo hôtel

alianti vol à voile

alimentari épicerie

alimenti surgelati aliments surgelés

aliscafo hydroptère

all'aperto extérieur/en plein air

allacciare le cinture attachez vos ceintures

alle cabine vers les cabine

alpinismo alpinisme, rappel

alpinismo da roccia escalade libre

alt halte

alta tensione haute tension

altezza altitude

altezza massima … metri hauteur maximale … mètres

altitudine altitude

ambasciata ambassade

ambulatorio oculistico clinique ophtalmologique

ancora meglio amélioré

andata aller simple

andata e ritorno aller-retour

andata semplice aller simple

anti-urto anti-chocs

antiquario magasin d'antiquités

aperto ouvert

aperto tutti i giorni anche la domenica ouvert chaque jour, dimanche inclus

aprire qui ouvrir ici

area di ristoro aire de repos

area di servizio halte routière

argenteria magasin d'argenterie

argento argent

aria condizionata climatisation

aromi (naturali) aromatisants (naturels)

arredi per arredamento tissus d'ameublements

arrivi arrivées
articoli di bellezza e profumeria produits de beauté
articoli per cucina équipements de cuisine
articoli per il bagno accessoires de salle de bains
articoli per la camera da letto accessoires de chambre à coucher
ascensore ascenseur
aspettare il proprio turno prière d'attendre votre tour
aspettare il tono attendez la tonalité
attendere prego prière d'attendre
attenti ai ladri prenez garde aux voleurs à la tire
attenti al cane attention au chien
attenzione ghiaia projection de graviers
attenzione non scendere il gradino prima dell'apertura della porta ne pas descendre les marches avant l'ouverture des portes *(bus)*
attenzione, prego attention
attenzione, questa macchina non da resto cette machine ne rend pas la monnaie
attenzione, ... avviso/avvertimento attention/avertissement
attesa di ... minuti circa attente: d'environ ... minutes.
attrezzatura per pesca subacquea équipement de pêche sous-marine
attrezzatura per scuba équipement de plongée sous-marine
autonoleggio location de voitures
autostoppista auto-stoppeur
autostrada autoroute
autunno automne
avanti traversez maintenant

B **bagno** toilettes
bagno schiuma bain mousse
baia baie
balconata première de balcon
balcone balcon
ballo ballet
bambini enfants
bambini solo se accompagnati interdit aux enfants non accompagnés
banca banque
banco di pesce échoppe de poissonnier *(au marché)*

bancomat distributeur automatique de billets de banque
barca a remi barque à rame
barca a vela voilier, yacht
batelli di salvataggio canots de sauvetage
batello a vapore bateau à vapeur
belvedere belvédère
benvenuti! bienvenue
benzina essence
bevande analcoliche boissons sans alcool
bevande extra boissons non incluses
bevande incluse boissons incluses
bibite fresche e snacks rafraîchissements disponibles
biblioteca bibliothèque
biglietteria billetterie
biglietti billets
biglietti per oggi billets pour aujourd'hui
biglietto di andata e ritorno billet aller-retour
biglietto ordinario billet ordinaire
biglietto settimanale billet hebdomadaire
binario quai
biodegradabile biodégradable
birra bière
borse sacs à main
bracciole flotteurs
bretella bretelle
burrone profondo canyon

C **cabina** cabine (de bain)
cabina di ponte pont cabine
caduta massi chute de pierres
caduta slavine risque d'avalanche
calcio football; calcium
calle rue *(à Venise)*
calzolaio cordonnier
cambiare a changer à
cambiare per correspondances/autres lignes (métro)
cambio taux de change
cambio valute bureau de change
Camera dei Deputati chambre des députés
camere libere chambres libres
camerini loges
camion camion

A-Z

campeggio camping
campi di tennis courts de tennis
campo champ
campo di battaglia champ de bataille
campo giuochi/sportivo terrain de jeux/sports
cancellato annulé
cancello grille/portail
canna da pesca canne à pêche
canoa canoe
canottaggio canoéisme, aviron
cantante chanteur
cantante lirica chanteur d'opéra
canto Gregoriano chant Grégorien
capella chapelle
Capodanno Jour de l'an
capolinea terminus
capsule capsules
carne viande
carozza autocar
carozza non fumatori compartiment non-fumeurs
carozza/vagone ristorante voiture-restaurant
carrelli chariots
carta d'imbarco carte d'embarquement
carta riciclata papier recyclé
cartelle cliniche dossiers médicaux
cartoleria papeterie
casa maison
casa di cura privata clinique privée
casa patrizia maison patricienne
cascata cascade
casco casque de protection
cassa caisse
cassa di risparmio caisse d'épargne
cassa rapida caisse rapide
cassette caissons à bagages; cassettes
cassieri caisses
castello château
catena di montagne chaîne de montagnes
cavalcavia pont routier
centralino/centralinista standardiste
centrifuga centrifuger
centro città centre-ville
centro commerciale centre commercial
centro congressi salle des congrès
centro direzionale district commercial
centro sportivo centre sportif
cereali céréales

check-in comptoir d'enregistrement
chiamare ... per il ricevimento pour appeler la réception, composez ...
chiamare ... per una linea esterna pour une ligne extérieure, composez...
chiesa église
chilometro kilomètre
chirurgia chirurgie
chiudere il cancello fermer la grille/portail
chiudere la porta fermer la porte
chiuso (per restauro) fermé (pour restauration)
chiuso al traffico fermé à la circulation
chiuso fino a ... fermé jusqu'à ...
chiuso per ferie fermé pour congé
chiuso per pranzo fermé à l'heure du déjeuner
chiuso per rinnovo locali fermé pour réparations
chiusura festiva fermeture pour congés
chiusura settimanale fermeture hebdomadaire
ciambella bouée
ciclismo cyclisme
ciniglia chenille
cinte ceintures
cintura di salvataggio ceinture de sauvetage
cioccolateria confiserie
circo cirque
circonvallazione périphérique
città ville
città universitaria cité universitaire
città vecchia ville ancienne
cittadini extracommunitari citoyens n'appartenant pas à l'UE
cognome nom de famille
collina/colle colline
colonna sonora bande sonore
colori resistenti grand teint
comando polizia/comando Carabinieri commissariat de police
comincia alle ore ... commence à ...
commissioni commissions
completo complet
compreso inclus
compreso nel prezzo compris dans le prix
compresse comprimés
compri due paghi uno 1 gratuit à l'achat de 2
compriamo a ... (devise) achetée à ...

compro e vendo … nous vendons et achetons…

comunicazioni interurbane/internazionali/ intercontinentali (con operatore) appel longue distance (avec opérateur): interurbains/international/ intercontinental

con bagno avec salle de bains attenante

con sottotitoli sous-titré

con vista sul mare avec vue sur la mer

concerto concert

conservanti conservateurs

consiglio per la consumazione suggestions de service

consultare il proprio medico prima dell'uso consultez votre médecin avant l'utilisation

consumare entro il … consommer de préférence avant …

contatore della luce compteur d'électricité

contenitore per batterie i vetro/aluminio/ latta/plastica conteneur pour batteries/bouteilles/aluminum/boîtes de conserve/plastique

conto compte

conto corrente compte courant

contorni vari choix de légumes

contro la forfora antipelliculaire

controcoperta pont supérieur

controllo contrôle

controllo valuta contrôle des devises

convalidare il biglietto (prima della prossima fermata/prima di salire sul treno) compostez votre ticket (avant le prochain arrêt de bus/avant d'embarquer dans le train)

coperto couvert

corsa di levrieri course de lévriers

corsi di cavallo courses de chevaux

corsia allée/voie

corsia ciclabile piste cyclable

corsia d'emergenza bande d'urgence

corsia di sorpasso zone de dépassement

corsia preferenziale ne pas traverser

corso semplice sens unique

costa côte

costiera précipice

costo per chilo (Kg)/etto/litro/metro prix au kilo/à l'hecto/au litre/au mètre

cotone coton

crema per le mani crème pour les mains

crociere croisières

cucina cuisine

cuffie obbligatorie bonnet de bain obligatoire

cuoio cuir

cura intensiva soins intensifs

curva pericolosa virage dangereux

curve per … Km virages sur … kilomètres

D **da consumarsi entro il …** consommer de préférence avant …

da non prendere per via orale ne pas administrer par voie orale

da … a …/dalle ore… alle ore … de … à …

danza danse

danza classica ballet

danza folcloristica danse folklorique

dare la precedenza céder le passage

darsena port/darse

data di nascita date de naissance

degustazione vini dégustation de vin

della casa fait maison

della stagione en saison

deltaplano deltaplane

depositi dépôts

deposito ambulanze poste d'ambulances

deposito bagagli consigne

deviazione déviation

deviazione per camions/TIR déviation pour camions

di giornata frais du jour

diagnosi e cura salle de soins

diapositive diapositives

diga barrage/digue

diocesi diocèse

diretto direct

direttore directeur

disco orario disque *(bleu)* de stationnement

dissolvere in acqua dissoudre dans l'eau

divieto d'attracco interdiction d'amarrer

divieto di balneazione baignade interdite

divieto di campeggio camping interdit

divieto di ingresso esclusi i mezzi degli handicappati accès uniquement réservé aux véhicules de personnes handicapées

A-Z

divieto di ingresso escluso veicoli autorizzati réservé aux véhicules avec autorisation
divieto di scarico défense de déverser des détritus
divieto di sorpasso défense de dépasser
divieto di sosta défense de stationner
docce douches
dogana douanes
domani demain
domenica dimanche
Domenica delle Palme dimanche des Rameaux
domicilio adresse du domicile
donne dames
dopo i pasti après les repas
dopobarba (lotion) après-rasage
doposole après-soleil
doppiato doublé
doppio senso (circulation) à double sens
durante i pasti avec les repas

E

edicola marchand de journaux
edificio pubblico édifice public
elenco telefonico annuaire
elicottero hélicoptère
emergenza urgence
emergenza sanitaria urgence médicale
entrata entrée
Epifania Épiphanie (6 janvier)
equitazione équitation
esaurito épuisé
esibire documenti/carta d'identità/passaporto pièce d'identité nécessaire
esibire la ricevuta sul paravento placez le ticket derrière le pare-brise
estate été
estero étranger
estintore extincteur
estuario estuaire
etto hecto
extra supplément

F

fabbrica usine
fantascienza science-fiction
farina di frumento farine de blé

farina integrale fermenti lattici vivi farine de blé complète
farmacia pharmacie
faro marina phare
fatto su misura fabriqué sur mesure
fattore 8 facteur 8 (lotion solaire)
fattoria ferme
febbraio février
fermata arrêt de bus
fermata a richiesta arrêt facultatif
fermata del tram arrêt de tram
Ferragosto mi- août
ferro fer
ferrovia chemin de fer
Festa del Lavoro Fête du Travail (1er mai)
Festa dell'Assunzione Jour de l'Assomption (15 août)
Festa dell'Immacolata Concezione Jour de l'Immaculée Conception (8 décembre)
Festa della liberazione Fête de la Libération (25 avril)
festa nazionale Fête nationale (6 juin)
fibre alimentari fibres alimentaires
fiera foire
fila rangée
film d'orrore film d'horreur
filobus trolleybus
filosofia philosophie
fine autostrada/superstrada fin d'autoroute
fine deviazione fin de déviation
fine lavori stradali fin des travaux routiers
finestrino fenêtre (siège côté fenêtre)
finire la cura/il trattamento terminer le traitement
fino a ... jusqu'à ...
fioraio fleuriste
Firenze Florence
firma signature
fiume fleuve, rivière
fon sèche-cheveux
Fondamenta le long des canaux (Venise)
fontana fontaine
formaggio fromage
fortezza forteresse
fotottico magasins d'articles de photographie
fragile – vetro fragile – verre
frana glissement de terrain
francobolli timbres
franchigia bagagli admission des bagages

freno d'emergenza frein de secours
fresco frais
frontiera frontière
frutta fruits
fruttivendolo marchand de légumes
fumetti bandes dessinées
funivia téléphérique
funzione religiosa office eucharistique
fuochi d'artificio feux d'artifice
fuori servizio hors d'usage

 G **gabinetti** toilettes

gabinetti pubblici toilettes publiques
galleria centre commercial; première de balcon; galerie
galleria chiusa tunnel *(de montagne)* fermé
galleria d'arte galerie d'art
gara concours/course
gas per campeggio camping-gaz
gennaio janvier
Genova Gênes
genuino véritable
ghiaccio glace
ghiaccio nero verglas
giardini pubblici parcs
giardino jardin
giardino botanico jardin botanique
ginocologo gynécologue
giocattoli jouets
gioielleria bijouterie
giornalaio marchand de journaux
giorni feriali jours de semaine
giovedì jeudi
giugno juin
gocce gouttes
gola gorge
gomma caoutchouc
grassi (teneur en) graisses
grassi vegetali graisses végétales
grotta grotte
gruppi groupes
guanti, cinte e sciarpe gants, ceintures et écharpes
guardaroba vestiaire
guida ai piani guide de magasin

 H **hockey su ghiaccio** hockey sur glace

 I il cuoco suggerisce…
le chef suggère…

il migliore del mondo le meilleur au monde
imbarco ad uscita n° … embarquement, porte n°. …
imbarco immediato embarquement immédiat
immigrazione contrôle de l'immigration
in casi di guasti telefonare al numero … en cas de panne, appelez/contactez …
in funzione sistema di vigilanza/allarme système de surveillance/d'alarme en fonctionnement
incrocio croisement
indirizzo adresse
indirizzo di casa adresse du domicile
industria cinematografica industrie du cinéma
informazioni bureau d'informations, réception
informazioni elenco abbonati renseignements
informazioni nutirizionali informations nutritionnelles
ingoiare intere avaler d'une traite
ingrandimento service d'agrandissement
ingresso accès uniquement, entrée
ingresso libero entrée libre
ingresso per gli handicappati entrée réservée aux personnes handicapées
ingresso per soli residenti accès réservé aux résidents
inizia alle ore … commençant …
inizio autostrada entrée d'autoroute
inizio spettacolo lever du rideau
innestare la prima marcia prima di lasciare la macchina maintenez la première vitesse enclenchée avant de quitter votre véhicule
inserire monete introduisez la monnaie
inserire carta di credito introduisez la carte de crédit
inserire il denaro nella macchina e ritirare il biglietto introduisez l'argent dans la machine et reprenez le ticket
inverno hiver
inversione di marcia changement de direction
irritante per gli occhi e la pelle irrite les yeux et la peau

isola pedonale zone réservée aux piétons
istituto di credito institut de crédit
istruzioni per l'uso instructions d'utilisation
itinerario naturale sentier d'initiation à la nature
itinerario panoramico route touristique
itinerario turistico route touristique
IVA TVA
IVA compreso/incluso TVA incluse

L **lago (artificiale)** lac (artificiel)
lana laine
latte e latticini produits laitiers
latteria laitier
lavaggio macchine poste de lavage
lavanderia blanchisserie
lavare a mano lavage à la main uniquement
lavare in acqua fredda/tiepida laver dans de l'eau froide/tiède
lavori in corso (a ... metri) travaux routiers (à ... m)
leggere attentamente le istruzioni prima dell'uso lisez attentivement les instructions avant l'utilisation
legno bois
lettino petit lit
lettura di poesie récital de poésie
levate alle ore ... heures de la levée
libero (à louer) libre *(à louer)*
libreria librairie
libretto di circolazione/documenti carte grise/documents
lino lin
liquidazione solde
liquori liqueurs
lista menu
Livorno Livourne
locanda pension de famille
luna park parc d'attractions
lunedì lundi
Lunedì dell'Angelo lundi de Pâques
luogo di nascita lieu de naissance

 macchina voiture
macelleria boucherie
magazzino grande surface
maggio mai
mare mer
mare mosso mer démontée
marionette marionnettes
marmellate e conserve confitures et conserves
martedì mardi
marzo mars
maternità maternité
mattina du matin
medico médecin
meglio se servito fresco servir frais de préférence
meno di 8 articoli 8 articles maximum
menù fisso menu à prix fixe
menù turistico menu touristique
mercato marché
mercato coperto marché couvert
(la) merce non può essere cambiata les marchandises ne sont pas échangées
merce da dichiarare marchandises à déclarer
mercoledì mercredi
messa messe
messa vespertina vêpres
metallo métal
metropolitana/metro métro
mezza pensione demi-pension
mimo mime
miniera mine
misura unica taille unique
mittente expéditeur
mobili ed arredamenti mobiliers
mobilificio entrepôt de mobilier
molo port *(embarquement)*
molta neve (neige) lourde
monastero monastère
monsignore monseigneur
montagna montagne
monumenti antichi monuments antiques
monumento (ai caduti) monument (aux morts)
monumento di interesse turistico monument d'intérêt historique
monumento storico monument historique
mulino moulin
mulino a vento moulin à vent
multicine cinéma multiplex

municipio hôtel de ville
muro mur
museo musée
musica musique
musica da camera musique de chambre
musica dal vivo concert en direct
musica lirica opéra

Napoli Naples
Natale Noël
nave navire
nazionalità nationalité
nebbia brouillard
negozio di musica disquaire
neve neige
neve artificiale neige artificielle
neve bagnata neige humide
neve fresca neige fraîche
neve ghiacciata neige verglacée
neve leggera neige poudreuse
niente flash flashes photographiques
interdits
niente resto montant exact/ne rend pas la
monnaie
niente rimborsi nous ne remboursons pas
no candeggia ne se décolore pas
nocivo nocif
noleggio à louer
noleggio abiti/vestiti location de
costumes
nome nom
nome dei figli nom des enfants
nome del coniuge nom du conjoint
nome di famiglia nom de famille
nome di ragazza nom de jeune fille
non allacciato non raccordé
non appoggiarsi alla porta défense de
s'appuyer contre la porte
non asciugare al sole ne pas sécher au
soleil
non avvicinarsi défense d'approcher
non bruciare ne pas brûler
non calpestare il prato/l'erba défense de
marcher sur la pelouse
non compreso non inclus
non danneggia le pellicole ne nuit pas
aux pellicules
non esporre a fonti di calore ne pas
exposer à la chaleur
non gettare rifiuti ne pas jeter les ordures
non incluso non inclus

non lasciare bagagli incustoditi surveillez
toujours vos bagages
non lasciare oggetti di valore nell'automobile ne laissez
pas d'objets de valeur dans
votre voiture
non parlare al conducente prière de ne
pas parler au conducteur
non più di 4 persone maximum 4
personnes
non scongelare prima di cucinare cuire
sans décongeler
non si accetta nessuna responsabilità per danni o furto la direction décline toute
responsabilité en cas de dommages ou
de vol
non si accettano assegni nous n'acceptons
pas les chèques
non si accettano carte di credito nous
n'acceptons pas les cartes de crédit
non stirare ne pas repasser
non superare 375 kg ne pas excéder 375
kilos *(dans les ascenseurs)*
non toccare défense de toucher
non usare candeggia ne pas décolorer
nulla da dichiarare rien à déclarer
numero di targa numéro minéralogique
numero verde numéro vert
numeri di emergenza numéros de
téléphones d'urgence
numeri utili numéros utiles
numero del passaporto numéro de
passeport
numero della carta di credito numéro de
carte de crédit
numero di soccorso pubblico di emergenza
numéro général d'urgence
numero di volo numéro de vol
nuoto natation

occupato occupé
offerta speciale offre spéciale
officina meccanica réparations
automobiles
oggetti elettrici appareils électriques
oggetti smarriti objets perdus
oggi aujourd'hui
ogni ... ore toutes les ... heures
Ognissanti jour de la Toussaint *(1er novembre)*

A-Z

olio huile
omaggio ... % se spendi più di ... ristourne de ... % si vous achetez pour plus de ...; cadeau gratuit
ombrellone parasol
omeopatico homéopathe
operatore standardiste/opérateur
orari horaires
orario heures d'ouverture/de visites
orario continuato ouvert toute la journée
orario di visite heures de visites
orchestra sinfonica orchestre symphonique
24 ore su 24 service 24 heures sur 24
oreficeria orfèvrerie
originale original
oro or
ospedale hôpital
ospizio hospice
osservatorio observatoire
ostello della gioventù auberge de jeunesse
ottico opticien
ottobre octobre
ottone laiton

P

pacchi colis
padiglione pavillon
padre père
pagare alla cassa *(prière de)* payer à la caisse
pagare qui *(prière de)* payer ici
pagato (grazie) payé *(avec remerciements)*
pagine gialle pages jaunes
palco (pl. palchi) boîte
palude marais, marécage
pane pain
panificio boulangerie
paracadutismo parachutisme
parcheggio stationnement *(permis)*; parc-autos
parcheggio libero stationnement gratuit
parcheggio per biciclette terrain de stationnement pour bicyclettes
parcheggio per soli residenti réservé aux résidents
parcheggio riservato ai clienti stationne-ment réservé à la clientèle
parcheggio sotterraneo garage sous-terrain

parcheggio vietato/divieto di sosta stationnement interdit
parrucchiere coiffeur/styliste
partenze départs
partita match
Pasqua Pâques
passaggio a livello passage à niveau
passaggio sotterraneo passage sous-terrain
passo carrabile passage pour voitures
pasticceria pâtisserie
pattini patins
pedaggio péage
pedoni piétons
pelle cuir
pellicola pellicule
pendenza pente
penisola péninsule
pensione completa pension complète
pensione pension de famille
per vegetariani *(convient)* aux régimes végétariens
per ... giorni pour ... jours
percorso del traghetto parcours du ferry
percorso per autobus/pullmans parcours du bus/de l'autocar
pericolo danger
pericolo di bufere avis de tempête
pericolo di burrasche avis de bourrasques
pericolo di ghiaccio route verglacée
pericolo di slavine risque d'avalanches
pericoloso dangereux
personale personnel
pesce pêche; pêche à la ligne
pesca fresca poisson frais
pesce surgelato poisson surgelé
pescheria poissonnerie
pesistica haltérophilie
piatti pronti du four à la table
piatto del giorno plat du jour
piazza place
picco pic
piccola colazione petit dejeuner
piccoli prezzi grande qualità petits prix, grande qualité
pillole pillules
pinacoteca pinacothèque
pioggia pluie
piscina piscine
piscina per tuffi bassin de plongeon
pista bianca piste blanche

pista blu e pista rossa piste bleue et piste rouge
pista chiusa piste fermée
pista ciclabile piste cyclable
pista nera piste noire
pista per principianti piste pour débutants
pista pericolosa pente dangereuse
platea orchestre
polizia police
polizia stradale police de la route
pollame volaille
poltrona n° fauteuil
pomata pommade
pomeriggio après-midi
pompa pompe
ponte pont
ponte basso (altezza ... m.) pont bas (hauteur ... m.)
ponte di coperta pont supérieur
ponte di passeggiate pont-promenade
ponte levatoio pont-levis
porta porte *(d'une ville)*; porte
porta antincendio porte coupe-feu
porta automatica porte automatique
portiere notturno portier de nuit
porto port
posta poste
posto corridoio place côté allée
posto fumatore place fumeur
posto non fumatore place non-fumeur
posto n° place
posto riservato agli invalidi place réservée aux invalides
pozzo puits
PP.TT. bureau de poste
prato (campeggio) (terrain de camping) herbeux
prefisso code régional
preghiera prière
prelievi retraits
prelievi di sangue prélèvements sanguins
prendere il biglietto prendre le billet
prendere la ricevuta dalla cassa automatica retirer le reçu à la caisse automatique
prenotazione biglietti réservation des billets
prenotazioni réservations, commandes à l'avance
prezzi fissi prix fixes
prezzi speciali per gruppi tarif spécial pour les groupes

prezzo tarif
prezzo al litro prix au litre
prezzo per chilo (kg)/etto prix au kilo/à l'hecto
prima classe première classe
prima dei pasti avant les repas
prima di coricarsi avant le coucher (posologie)
primavera printemps
primo piano premier étage
prodotti antiallergici produits antiallergiques
prodotti di bellezza produits de beauté
proibito circolare nella chiesa durante le funzioni liturgiche/durante la santa messa défense d'entrer pendant les offices
pronto intervento services d'urgence
pronto soccorso accident et urgence
proprietà privata propriété privée
prossima levata alle ore ... prochaine levée à ...
prossima visita guidata alle ore ... prochaine visite guidée à ...
punto d'imbarco point d'embarquement
punto d'incontro lieu de rencontre
punto di raduno point de rassemblement

Q **questa macchina non da resto** cette machine ne rend pas la monnaie
questa sera/stasera ce soir
qui si vendono carte telefoniche cartes de téléphone en vente ici

R **racchetta** raquette
raccordo anulare périphérique
raggi rayons
rallentare ralentissez
rallentare, scuola/bambini attention, école/enfants
reclamo bagagli récupération des bagages
referti rapports *(résultats des analyses)*
regali cadeaux
reggersi ai corrimano tenez-vous à la main courante (escalier roulant)
resto massimo (L.2000) monnaie maximale rendue (L.2000)

A-Z

ricambi per auto magasin d'accessoires / pièces de rechange pour automobiles
ricevimento réception
riduzioni ristournes
rifugio refuge (pour skieurs)
rilasciato il ... da ... délivré le ... par ...
rimozione forzata les véhicules en stationnement interdit seront enlevés
rio ruisseau (poétique / canal à Venise)
riparazioni réparations
riserva d'acqua réservoir d'eau
riserva naturale réserve naturelle
riservato réservé
ritardo ajourné
rocca château, forteresse
roccia (campeggio) rocailleux (site de camping)
romanzi romans
rompere il vetro in caso di pericolo brisez la vitre en cas d'urgence
rotatoria (a ... metri) giratoire (à ... mètres)
roulotte remorque / caravane
rubinetto robinet
rupe précipice

S **sabato** samedi
sabbia mobile sables mouvants
sala banchetti salle de banquets
sala congressi/conferenze salle de conférences
sala d'attesa salle d'attente
sala da pranzo salle à manger
sala giochi salle de jeux
sala operatoria salle d'opération
sala passaggeri salle d'attente
sala TV salle de télévision
saldi liquidation
sale sel
salita montée
salotto salon; salle d'attente
salvagenti gilets de sauvetage
San Gennaro Saint-Janvier (19 septembre, Naples)
San Giovanni Battista Saint-Jean-Baptiste (24 juin, Florence)
San Marco Fête de Saint-Marc (25 avril, Venise)

San Pietro e Paolo Fête de Saint-Paul et Saint-Pierre (29 juin, Rome)
San Silvestro veillée de la Saint-Sylvestre
Sant'Ambrogio Fête de Saint-Ambroise (7 décembre, Milan)
Santo Stefano lendemain de Noël (26 décembre)
sanzioni per i trasgressori toute intrusion sera poursuivie
sanzioni per i viaggiatori senza biglietto amende infligée à tout voyageur sans billet
sanzioni se viaggiate senza biglietto amende infligée à tout voyageur sans billet
saporito savoureux
scadenza della carta di credito date d'expiration de la carte de crédit
scala d'emergenza escalier de secours
scala mobile escalier roulant
scarico merci livraisons uniquement
scarpata escarpement
scarponi da sci chaussures de ski
schiuma per la barba mousse à raser
sci ski
sci di fondo ski de fond
sci nautico ski nautique
sciovia tire-fesses
sconto di ... % se spendi più di ... ristourne de ... % si vous achetez pour plus de ...
scuola école
scuola rallentare ralentir, école
sdraia chaise longue
se i sintomi persistono consultare il proprio medico si les symptômes persistent, consultez votre médecin
seconda scelta solde
secondo piano deuxième étage
segale seigle
seggiovia télésiège
selezionare destinazione/zona sélectionnez la destination
semaforo provvisorio feux de signalisation temporaires
senso unico sens unique
sentiero sentier
senza grassi exempt de graisse
senza intervallo sans entracte
senza piombo sans plomb
senza zucchero sans sucre
sereno (temps) ensoleillé
servizio (frais de) service

servizio compreso/incluso service inclus
servizio di camera service de chambre
servizio diretto service direct
servizio immediato service immédiat
servizio non incluso *(frais de)* service non compris
servizio notturno service de nuit
seta soie
si accettano gruppi groupes bienvenus
si accettano carte di credito nous acceptons les cartes de crédit
si prega consegnare le borse prière de laisser vos sacs ici
si prega controllare il resto vérifiez votre monnaie
si prega di aspettare dietro la linea prière d'attendre derrière la barrière
si prega di non consumare cibo nella camera prière de ne pas manger dans la chambre
si prega fare un contributo prière de payer une contribution
si prega mantere il silenzio durante le funzioni religiose silence, office en cours
si prega pulire la camera prière de faire la chambre
si prega rispettare questo luogo sacro veuillez respecter ce lieu de culte
si prega tenere il biglietto veuillez garder votre billet
sicurezza sécurité
signore dames *(toilettes)*
signori hommes *(toilettes)*
slittino luge
soccorso stradale services de dépannage
solista soliste
solo ciclisti réservé aux cyclistes
solo contanti argent liquide uniquement
solo giorni feriali jours de semaine uniquement
solo giorni festivi les jours de fête
solo per gli abbonati réservé aux abonnés
solo per uso esterno usage externe uniquement
solo rasoi rasoirs uniquement
solo residenti réservé aux résidents
solo stasera/una serata pour une nuit uniquement
sono previste sanzioni per chi non può esibire lo scontrino fiscale/il biglietto vous risquez une amende si vous ne gardez pas votre billet/reçu

sopra il livello del mare au-dessus du niveau de la mer
sopraelevata surélevée (autopont)
sorgente source
spegnere il motore éteignez votre moteur
spettacolo spectacle
spettacolo serale représentation du soir
spettatori spectateurs
spiaggia plage
spiaggia per nudisti plage pour nudistes
spingere pousser
spogliatoi vestiaires/cabines d'essayage
SQ en fonction des disponibilités
squisito délicieux
staccare la corrente prima di (togliere) déconnecter du secteur avant de (couper)
stampa e sviluppo magasin d'articles photographiques
stampe estampes
stazione degli autobus arrêt de bus/gare autoroutière
stazione di pedaggio cabine de péage
stazione di servizio station-service
stazione ferroviaria gare ferroviaire
stirare a temperatura bassa repasser à température basse
storia histoire
storia dell'arte histoire de l'art
strada route
strada a doppia corsia route à double voie
strada a doppio senso circulation venant en sens inverse
strada a senso unico rue à sens unique
strada bianca chaussée en gravier/non revêtue
strada chiusa route fermée
strada dissestata route à surface accidentée
strada in costruzione route en construction
strada nazionale route nationale
strada principale grand'rue
strada senza uscita cul-de-sac; voie sans issue
strada stretta route étroite
straniero(-a) étranger
strappare qui déchirer ici

A-Z

A-Z

strisce pedonali passage pour piétons
studio medico consultation médicale
succhi di frutta jus de fruits
suonare la campanella sonnez la cloche
super super (essence)
superstrada autoroute
supplemento (notturno, aeroporto, bagagli, festivo) supplément (nuit, aéroport, bagages, dimanche, jour férié)
surgelato surgelé
sviluppo développement
svincolo bifurcation/échangeur

T

tagliare qui couper ici
tangenziale rocade
tavola da sci planche à neige
tavola da surf surfboard
tavoli al piano superiore places à l'étage
tassì taxi
teatro per ragazzi théâtre pour enfants
telefono per solo carte carte téléphonique
telefono SOS/di emergenza téléphone d'urgence
teleselezione composition directe
tenere in frigo garder au réfrigérateur
tenere in un ambiente fresco maintenir au frais
tenere lontano dagli occhi maintenir à distance des yeux
tenere lontano dai bambini maintenir hors de portée des enfants
tenere lontano dal sole ne pas exposer aux rayons du soleil
tennis da tavola tennis de table
terme thermes
tessera abonnement (saisonnier)
tessera mensile abonnement mensuel
tessuti per arredamento tissus d'ameublements
tintoria teinturerie
tintura per capelli teinture pour cheveux
tipografia typographie
tirare tirer
tiro all'arco tir à l'arc
tomba tombe
Torino Turin
torre tour
tossico toxique

traffico intenso retards probables
traffico lento circulation lente
traghetto traversier pour voyageurs/ferry
transito con catene chaînes nécessaires
transito con catene o pneumatici da neve utilisez des chaînes ou des pneus neige
treno train
tribuna tribune des spectateurs
trotto trot (course attelée)
tuffo plongeon
tutte le operazioni toutes transactions

U

ufficio cambi bureau de change
ufficio informazioni bureau d'informations
ufficio postale bureau de poste
ufficio prenotazioni reservations des billets
ultima novità dernière nouveauté
ultima stazione di servizio per ... chilometri dernière station-service avant ... kilomètres
ultima vista alle ore ... dernière entrée à...
una bibite inclusa une boisson inclue
uomini hommes (toilettes)
usare con cautela manipuler avec soin
uscita sortie; porte
uscita autostrada sortie d'autoroute
uscita camions sortie de camions
uscita d'emergenza issue de secours
uso della cucina équipements de cuisine

V

vaccinazioni vaccinations
vaglia postali/telegrafici virements et transferts posteaux/télégraphiques
vagone letto wagon-lit
validità del passaporto date d'expiration du passeport
validità della carta di credito date d'expiration de la carte de crédit
valido per (75 minuti) valable pendant (75 minutes)
valido per le fasce ... valable pour les zones
veicoli lenti véhicules lents
veicoli pesanti véhicules lourds
vela voile

veleno(so) poison; toxique
velocità massima ... km/ora vitesse maximale ... km/heure
vendere entro il ... vente avant le ...
vendiamo a ... *(devises)* vendue à ...
venerdì vendredi
venti forti vents forts
venti moderati vents faibles
verdura légumes
vernice fresco peinture fraîche
vero véritable
vetro verre
vetro riciclato verre recyclé
via rue
viaggi/viaggiare voyages/voyager
viale avenue, boulevard
vicino al mare à côté de la mer
vicolo allée
vicolo cieco cul-de-sac
videogiochi jeux vidéo
vietato interdit
vietato ai veicoli con peso superiore a ... interdit aux véhicules pesant plus de ...
vietato accendere il fuoco feux interdits
vietato ai minori di ... anni interdit aux enfants de moins de ...
vietato ai pedoni passage interdit aux piétons
vietato avvicinarsi alle macchine durante la traversata accès interdit au pont voitures pendant la traversée
vietato di sosta stationnement interdit
vietato fermarsi fino a ... interdit de stationner jusqu'à
vietato fotografare défense de photographier
vietato fumare défense de fumer
vietato gettare rifiuti interdiction de jeter des détritus
vietato giocare con la palla jeux de balle interdits
vietato l'ingresso entrée interdite
vietato l'ingresso dopo l'inizio dello spettacolo défense d'entrée une fois la représentation commencée
vietato pescare pêche interdite
vietato pescare senza autorizzazione pêche avec permis uniquement
vietato salire montée interdite
vietato scendere descente interdite
vietato sporgersi dalla finestra défense de se pencher par la fenêtre

vietato suonare il clacson usage de l'avertisseur interdit
vigili del fuoco pompiers
vigili di fuoco caserne de pompiers
vigneti vignobles
visite guidate visites guidées
vivaio jardinerie
voi siete qui vous êtes ici
voli internazionali vols internationaux
voli nazionali vols intérieurs
volo numero ... numéro de vol
... volte al giorno ... fois par jour

Z **zona a parcheggio limitato giorni feriali** zone de stationnement limitée les jours de semaine
zona non fumatore zone non fumeurs
zona pedonale zone piétonne
zona riservata a carico e scarico zone de chargement et déchargement
zone fumatore zone fumeurs
zucchero sucre

Chiffres Numeri

GRAMMAIRE

Les grands nombres sont groupés de la façon suivante:

3 456 789   **tremilioniquattrocentocinquantaseimila
e settecentoottantanove**

Mille, **milione** et **miliardo** font le pluriel de la façon suivante: (**mila**, **milioni**, **miliardi**).

Nota bene: **e** peut-être inséré pour diviser un grand nombre.

0	**zero** *dzèro*	16	**sedici** *séditchi*
1	**uno** *ouno*	17	**diciassette** *ditchiassètté*
2	**due** *doué*	18	**diciotto** *ditchiotto*
3	**tre** *trè*	19	**diciannove** *ditchiannôvé*
4	**quattro** *cuattro*	20	**venti** *vénti*
5	**cinque** *tchinncouè*	21	**ventuno** *véntouno*
6	**sei** *sèi*	22	**ventidue** *véntidoué*
7	**sette** *sèttè*	23	**ventitre** *véntitré*
8	**otto** *otto*	24	**ventiquattro** *vénticouattro*
9	**nove** *nové*	25	**venticinque** *véntitchinncoué*
10	**dieci** *diètchi*	26	**ventisei** *véntiséi*
11	**undici** *ounditchi*	27	**ventisette** *véntisétté*
12	**dodici** *dôditchi*	28	**ventotto** *véntôtto*
13	**tredici** *trèditchi*		
14	**quattordici** *couattôrditchi*		
15	**quindici** *couinnditchi*		

French	Italien	
29	**ventinove** *véntinnôvé*	
30	**trenta** *trénta*	
31	**trentuno** *tréntouno*	
32	**trentadue** *tréntadoué*	
40	**quaranta** *couarannta*	
50	**cinquanta** *tchinncouannta*	
60	**sessanta** *séssannta*	
70	**settanta** *séttanntta*	
80	**ottanta** *ottannta*	
90	**novanta** *novannta*	
100	**cento** *tchénto*	
101	**centouno** *tchénto-ouno*	
102	**centodue** *tchéntodoué*	
200	**duecento** *douétchénto*	
500	**cinquecento** *tchinncouètchénto*	
1 000	**mille** *millé*	
10 000	**diecimila** *diétchimmila*	
35 750	**trentacinquemilasette centocinquanta** *tréntatchinncouè milasèttétchénto tchinncouannta*	
1 000 000	**un milione** *oun milyôné*	
premier	**primo** *primo*	
deuxième	**secondo** *séconnndo*	
troisième	**terzo** *tértso*	

quatrième	**cuarto** *couarto*	
cinquième	**quinto** *couinnto*	
une fois	**una volta** *ouna volta*	
deux fois	**due volte** *doué volté*	
trois fois	**tre volte** *tré volté*	
demie	**mezzo** *métso*	
une demie heure	**mezz'ora** *métsôra*	
un demi réservoir d'essence	**mezzo serbatoio** *métso sérbatoio*	
moitié mangée	**mezzo mangiato** *métso manndjiàto*	
un quart	**un quarto** *oun couarto*	
un tiers	**un terzo** *oun tértso*	
une paire ... de ...	**un paio di ...** *oun pâio di ...*	
une douzaine de ...	**una dozzina di ...** *ouna dotsîna di ...*	
1999	**millenovecentonovantanove** *millénové-tchéntonovannta-nôve*	
2001	**duemilauno** *douémîlaouno*	
les années 90	**gli anni novanta** *lyi annni novannta*	

Jours Giorni

lundi	**lunedì** *lounédi*
mardi	**martedì** *martédi*
mercredi	**mercoledì** *mércolédi*
jeudi	**giovedì** *djovédi*
vendredi	**venerdì** *vénérdi*
samedi	**sabato** *sabato*
dimanche	**domenica** *doménica*

Mois Mesi

janvier	**gennaio** *djénnâio*
février	**febbraio** *fébbrâio*
mars	**marzo** *martso*
avril	**aprile** *aprîlé*
mai	**maggio** *mâdjio*
juin	**giugno** *djioûgno*
juillet	**luglio** *loûlyio*
août	**agosto** *agosto*
septembre	**settembre** *sèttèmbré*
octobre	**ottobre** *ottôbré*
novembre	**novembre** *novèmbré*
décembre	**dicembre** *ditchèmbré*

Dates Date

Nous sommes ...	**È ...** *è*
le dix juillet	**il dieci luglio** *il diètchi loûlyo*
mardi premier mars	**martedì, primo marzo** *martédi, primo martso*
hier	**ieri** *iééri*
aujourd'hui	**oggi** *odji*
demain	**domani** *domâni*
ce .../... dernier	**questo(-a)/l'ultimo(-a) ...** *couésto(-a)/loultimo(-a)*
la semaine prochaine	**la prossima settimana** *la prossima séttimâna*
tous les mois/ans	**ogni mese/anno** *ogni méésé/anno*
(pendant) le week-end	**al fine settimana** *al finé sétimâna*

218

Saisons Stagioni

printemps	**la primavera** *la primmavééra*
été	**l'estate** *léstâté*
automne	**l'autunno** *laout̲ounno*
hiver	**l'inverno** *linnvérno*
au printemps	**in primavera** *inn primmavééra*
pendant l'été	**durante l'estate** *dour̲annté léstâté*

Souhaits et vœux Saluti e auguri

Bon anniversaire!	**Buon compleanno!** *bou̲onn commpléanno*
Joyeux Noël!	**Buon Natale!** *bou̲onn natâlé*
Bonne année!	**Felice Anno Nuovo! Buon anno!** *félitché an̲no nou̲ôvo/bou̲onn an̲no*
Joyeuses Pâques!	**Buona Pasqua!** *bou̲on̲na pascoua*
Meilleurs vœux!	**I migliori auguri!** *i milyi̲ôri aougoûri*
Félicitations!	**Felicitazioni!/Congratulazioni!** *félitchitatsi̲ôni/conngratoulatsi̲ôni*
Bonne chance!	**Buona fortuna!** *bou̲on̲na fortoûna*
Bon voyage!	**Buon viaggio!** *bou̲onn vi̲âdjio*
Donnez le bonjour de ma part à …	**Saluti da parte mia a ….** *sal̲outi da par̲té mi̲a a …*

Jours fériés Giorni festivi

Plusieurs fêtes légales sont observées en Italie, telles que la **Festa del patrono** (la fête du Saint patron local). Voici une liste des congés nationaux:

1er janvier	**Capodanno** ou **Primo dell'Anno**	Jour de l'An
6 janvier	**Epifania/Befana**	Epiphanie
25 avril	**Anniversario della Liberazione (1945)** Fête de la Libération	
1er mai	**Festa del Lavoro**	Fête du travail
15 août	**Ferragosto**	Assomption
1er novembre	**Ognissanti**	Toussaint
8 décembre	**L'Immacolata Concezione**	Immaculée Conception
25 décembre	**Natale**	Noël
26 décembre	**Santo Stefano**	Fête de Saint-Stéphane
Dates variables	**Lunedì di Pasqua/Pasquetta**	Lundi de Pâques

À l'exception du 25 avril, les fêtes italiennes sont célébrées dans le canton de **Tessin** (en Suisse d'expression italienne), de même que: le 19 mars (**Saint-Joseph**), le 1er août (fête nationale), et les fêtes de l'**Ascension** et de **Corpus Domini**.

Heure Ora

Le système officiel utilise un cycle de 24 heures. Toutefois, dans les conversations courantes, l'heure est généralement exprimée comme illustré ci-dessous, souvent en ajoutant **di mattina** (matin), **di pomeriggio** (après-midi) ou **di sera** (soir).

Pardon. Pouvez-vous me dire l'heure?	**Scusi, può dirmi che ora è?** *scoûzi pouo dîrmi ké ora è*
une heure cinq	**È l'una e cinque.** *è louna é tchinncoué*
Il est …	**Sono le …** *sôno lé*
deux heures dix	**due e dieci** *doué é diétchi*
trois heures et quart	**tre e un quarto** *tré é oun couarto*
quatre heures vingt	**quattro e venti** *couattro é vénti*
cinq heures vingt-cinq	**cinque e venticinque** *tchinncoué é véntitchinncoué*
six heures et trente	**sei e trenta** *sèi é trénta*
sept heures moins vingt-cinq	**sette meno venticinque** *sétté méeno véntitchinncoué*
huit heures moins vingt	**otto meno venti** *otto méeno vénti*
neuf heures moins le quart	**nove meno un quarto** *nôvé méeno oun couarto*
dix heures moins dix	**dieci meno dieci** *diétchi méeno diétchi*
onze heures moins cinq	**undici meno cinque** *ounditchi méeno tchinncoué*
Il est midi/minuit.	**È mezzogiorno/mezzanotte.** *è métsodjiôrno/métsannôtté*

à l'aube	**all'alba** _allalba_
le matin	**al mattino** _al mattino_
pendant la journée	**durante il giorno** _dourannté il djòrno_
avant le repas	**prima di pranzo** _prîma di pranndzo_
après le repas	**dopo pranzo** _dopo pranndzo_
dans l'après-midi	**nel pomeriggio** _nél pomérîdjio_
dans la soirée	**di sera** _di sééra_
la nuit	**di notte** _di nôtté_
Je serai prêt(e) dans cinq . minutes	**Sarò pronto(-a) fra cinque minuti.** _sarò pronnto(-a) fra tchinncoué minnouti_
Il sera de retour dans un quart d'heure.	**Ritorna fra un quarto d'ora.** _ritorna fra oun couarto dôra_
Elle est arrivée il y a une heure.	**È arrivata mezz'ora fa.** _è arrivâta métsôra fa_
Le train part à …	**il treno parte …** _il trééno parté_
13h04	**alle tredici e zero quattro** _allé tréditchi é dzéro couattro_
0h40	**alle zero e quaranta** _allé dzééro é couarannta_
10 minutes en retard / en avance	**con dieci minuti di ritardo / di anticipo** _conn diétchi minnouti di ritârdo / di anntitchipo_
5 minutes d'avance / de retard	**cinque minuti avanti / indietro** _tchinncoué minnouti avannti / inndiétro_
de 9.00h à 17.00h	**dalle nove alle cinque** _dallé nôvé allé tchinncoué_
entre 8.00h et 14.00h	**fra le otto e le due** _fra lé ôto é lé doué_
Je partirai avant …	**Partirò entro …** _partiro éntro_
Est-ce que vous serez revenu(e) / de retour avant …?	**Ritornerà prima di …?** _ritornéra prîma di_
Nous serons ici jusqu'à …	**Saremo qui fino alle …** _saréémo coui fino allé_

En un coup d'œil
Consultazione rapida

Bonjour.	**Buongiorno** *bouonndjiòrno*
Bonsoir.	**Buona sera** *bouonnna séera*
Bonjour/Salut.	**Ciao** *tchiào*
Au revoir.	**Arrivederci** *arrivédértchi*
Excusez-moi. (pour avoir l'attention de quelqu'un)	**Scusi.** *skoûzi*
Pardon?	**Prego?** *préego*
Pardon!	**Scusi!** *skoûzi*
S'il vous plaît.	**Per favore.** *pèr favôré*
Merci!	**Grazie.** *grâtsié*
Est-ce que vous parlez français?	**Parla francese?** *pârla franntchéézé*
Je ne comprends pas.	**Non capisco.** *nonn capisco*
Où est …?	**Dov'è …?** *dové*
Où sont les toilettes?	**Dove sono i gabinetti?** *dové sôno i gabinnétti*

Urgences Urgenze

Au secours!	**Aiuto!** *aioûto*
Allez vous-en!	**Se ne vada!** *sé né vâda*
Laissez-moi tranquille!	**Mi lasci in pace!** *mi lâchi inn pâtché*
Appelez la police!	**Chiami la polizia!** *kiâmi la politsia*
Au voleur!	**Al ladro!** *al lâdro*
Allez chercher un médecin!	**Chiami un dottore!** *kiâmi oun dottôre*
Au feu!	**Al fuoco!** *al fouôco*
Je suis malade.	**Sto male.** *sto mâlé*
Je suis perdu(e).	**Sono smarrito.** *sôno smarrito*
Est-ce que vous pouvez m'aider?	**Mi può aiutare?** *mi pouò aioutâré*

Urgences ☎	Italie	Suisse
	113 Pompiers (**vigili del fuoco**) Ambulance (**ambulanza**), Police (**polizia**)	**118** Pompiers **117** Police

Ambassades et Consulats ☎

	Italie	Suisse
Français	06–686 011	31–359 21 11
Canadien	06–646 741	31–357 70 11
Belgique	06–360 9511	31–351 04 62